Dear ママ

吉川ひなの

幻冬舎

第1章 ママとわたし

第2章 母親になったわたし

第3章 わたしのままを受け入れる

恐怖を原動力にするんじゃなくて
もっと平和で　幸せなこと

第1章　ママとわたし

Chapter.1 Mama & I

告白

ママはとにかく見た目の美しさにこだわる人だった。

ママが死ぬ1週間前の集中治療室では、人工呼吸器をつけているから話すことができず筆談をしていた。わたしがスケッチブックを宙でおさえて、そこに点滴の管を通したガリガリでアザだらけの真っ白な手を震わせながらママが書いた言葉。

マニキュア落としてくれる？

ここ（集中治療室）ダメみたい。

死ぬ1週間前の人が書いたことがそれ、だった。

だいたい集中治療室に入るのにマニキュア塗ってくる人いる？（きつい言い方してごめんなさい、わたしたち親子の間柄だから冗談と愛で言えるのであって、もし他でそんな人がいたって、何も変に思

わないです）

わたしは買ってきた除光液でママのマニキュアをゴシゴシ拭きながら、きれいな爪の形だね。と、お世辞を忘れなかったことを覚えてる。

お世辞《せじ》っていうか。

本当にママの爪の形はきれいだったんだけど。

なんかそんなこと集中治療室では本来どうでもいいことのような気がしたんだけど、でも、ママの性格上それをわざわざ言ってしまうような、わたしたちはなんかそんな感じだった。いつも。

ママは痛みにも苦しみにもすごく強かった。

集中治療室でドクターが「普通は口から入れる人工呼吸器を取りつけると苦しいから、お薬で少し意識をボーッとさせるんですよ。でも、お母さんはその薬だけは拒否されて。だから、人工呼吸器をつけているのにこんなに意識がはっきりしている患者さんは、初めて見るんですよ」と言っていた。

ドクターがいなくなったあとママに、意識がボーッとする薬はイヤなの？　苦しくないの？　と聞いたら、マニキュアが取れて派手さのなくなったガリガリの手をまた震わせながら、その薬でボーッとし過ぎたらそのまま死ぬかもしれない、とすごく時間がかかりながらも、いつものママの字で書いて気持ちを教えてくれた。

ママは何よりも死ぬことを恐れていた。


ママは最後まで何を考えていたのか、わからなかった。

心と心が通った記憶は、一度もない。

ママが死んだ後に、もしかしたらわたし宛《あて》に書いた長い手紙があるかもしれないと期待したけど、そんなものは1通も、1行もなかった。


ママは時々悪魔みたいだった。理不尽なことを正論かのように言って退《の》けて相手を黙らせるから、わたしにまつわる全てのことはわたしにとってどうかってことよりも、ママがどう思うかの方がいつも重要だった。

ママは人をそのまま受け入れることができなかった。

いつも、あの人はこうだと自分勝手な角度から相手を決めつけ、ママの勝手な決めつけが全てにおいて正解だと疑っていなかった。

わたしはママに愛されたくて、いつも正解を探した。

子ども時代は過剰にママへの愛をアピールしていたから、他人には単なる仲良し親子だと思われていたかもしれない。

ママは自分の人生を守るためなら子どもたちにどんなことでもした。

わたしはどんなことをされてもママが大好きだったけど、もう、こんな人生なら生きていくのをやめた方がいいかもしれないと思うほど追い詰められ続けていたから、わたしの願いはずっと、両親が失踪《しっそう》してしまい、見つからなくなることだった。

大好きだから死なないでほしい。

でももうこれ以上わたしを苦しめないで……。

二人がいなくなってくれるか、わたしが死ぬか、そのどちらかしかもう道は残っていないと思わせられるほど、ママはわたしの全てを奪っていた。

ママが寝たきりになってからもわたしの苦しみは続いた。


わたしたちはママが寝たきりになっても、いつもお見舞いに行くような関係じゃなかった。

もう絶縁すると言ったこともあったし、何度もお金を取られ、借金を背負わされ、それ以外にも酷《ひど》い仕打ちを受け続けてきた親とどんな顔をして会えばいいのか。

素直になんてなれなかった。

それでもいつ死んでしまうかわからないと思うと、突然悲しみが込み上げてきて、会いに行く。

会いに行ったところで、お世辞を言い合ってみたり悪態《あくたい》をついてみたり、お互いよそよそしく、心を開くことはできなかった。

もうママがいなくなってくれることを願うことはできなくなってしまった。

事実上ママは、自分の力でいなくなることはできないからだ。

どんなに悲しくったってあのベッドの上からどこにも行くことができない。

どんなに泣いても、もういなくなりたいと思っても、ママはあのベッドで管に繫《つな》がれたままじっと耐えるしかない。

その事実がまたわたしを苦しめた。

ママは咳をしただけでも骨が折れてしまうくらいだったから、起き上がることもできなかったし、車椅子にも乗れなかった。

寝たきりになった最後の10年間、正常な頭で過去のことや自分の体のことをぐるぐる考えていたんだろう。

自分の体が少しずつ壊れていくことは、どのくらいの恐怖だったんだろう。

ママはもうあの小さなベッドの上から下りることもできず、そのまま人生が終わっていく。どんなに罪を犯した人だって、こんな罰は受けないはずだ。

そのときからわたしは、やられた方よりやってしまった方が辛いんだと考えるようになった。

その考え方は本当のことから目を逸《そ》らし自分を歪《ゆが》めてしまう一種の逃げであることに気づいたのはほんの最近で、「毒親」という言葉に出会ってからだった。

人の罪まで自分で抱えてまるでいい人気取りだけど、その皺寄《しわよ》せは思っている以上に大きい。

でもそのときのわたしにはそう考えるしかなかった。

わたしは自由にどこにでも行ける。

トイレだって自分で行けるし、飲みにだって行ける。

親にされてきたことが何も解決していなくても、本当の意味で謝ってもらっていなくても、まだ親に背負わされた借金や色んなものを抱えていても、もうママを責めたり、自分が悲しかったりしたことを口に出しちゃいけない。そう決めた。

わたしのせいでママが寝たきりになったわけじゃないし、そんな親を見なきゃいけないのは子どもにとってさらなる苦しみでしかないのに、それに気づかずわたしは、ママを許すのは自分だけでする作業だと思い込んでいた。

今までわたしは、誰にもママのことを詳しく話さなかった。

悲しくて寂しくて解決できない複雑な感情を隠すことしかできなかった。

ママが死んで8年とちょっと。

わたしはようやく、ママのことを話せる自分になれた。

諦めるんじゃなくて受け入れる

そう思っただけで、人生は変わる

許すの許さないのどっちなの
愛してたの愛してなかったのどっちなの

「毒親」という言葉にすっかり慣れて、日常の話の中でもその言葉を冗談混じりに使い始めた頃、毒親という言葉の由来となった本に出会った。

『Toxic Parents』という本の邦題が『毒になる親』で、そこから毒親という言葉が一人歩きしたらしい。

もうね、その本を読んでわたしの感情揺れまくり。

もちろん知っていることばっかりではあったけど、こんなにもストレートにわたしの気持ちを代弁してくれた本が今まであっただろうか。

この本に10年前、いや、20年前に出会いたかった。

それからというものこの本のオリジナルを書いたアメリカのセラピ

スト、スーザン・フォワード氏が大好きになっちゃって、一度でいいから彼女のカウンセリングを受けてみたい！　と思ったけれど、3年前、亡くなられてしまったそうです。

ああああ。残念。

今までわたし、親のことはもう許したの。やられたわたしより、やってしまった親の方が辛いはず。と考えていたんだけど、この本読んだらね、スーザンは、解決していないなら無理に許さなくていい。と断言していたの。

えええ～許さなくてよかったの？？？　目から鱗《うろこ》とはこのことか。

スーザンの本には、許すなと言っているわけではないから誤解をするな、でも、親には子どもを健やかに成長させる義務があり、それをしてもらえなかった場合や、傷つくことをされてきた場合、あなたは子どもだったのだからどうすることもできなかったし、子ども時代に親にされて辛かったことは全て親に責任がある（毒親育ちってどんなに理不尽な状況でも自分が悪かったんじゃないかとか、自分に責任があるんじゃないかって考えちゃうんだよね)。

そのことについて親ときちんと話し合えたり、謝られたり、もう解決して許したのであればそれは一番望むべき形だ。が、親に責任の所在がある全てのことを曖昧にされていたり謝られていなかったりで話し合えてすらなくて、そのことについてまだ心の奥底はモヤモヤしていて、小さな自分があのときのまま悲しい思いをしているのにそれを無理矢理許すのは、責任の所在が変わってしまって自分の中の小さな子どもをさらに傷つけることになる。というようなことが書かれていた。

スーザン自身もカウンセラーになりたての頃は許すことで解決していくと思っていたそうで、スーザンの周りのカウンセラーやセラピストたちも毒親育ちのクライアントたちに親を許すように例外なく勧めていたけど、スーザンはあるとき気づいたのだそうです。

ずっと診てきた自分のクライアントたちが、親を許したと言っているのにさらに苦しそうな様を。

そこでスーザンは掘り下げて考えてみたところ、親のコントロールや虐待《ぎゃくたい》によって子ども時代についた傷の責任の所在は１００％親にあって、それをきちんと話し合えたり、認められたり謝られたりされてもいない状態、もしくはそれがされていても納得ができていない場合、それでも許さなくてはならないのは、そのことにまつわる新たな重荷と傷をさらに背負うようなものだということがわかり、無理矢理許す必要はない、という意見に辿《たど》り着いたそうです。

ここに書いたことは全て『毒になる親』を読んだわたしの見解で、わたしはこう受け取ったという話であるから、もし気になるようだったらその本を読んでみてください。なんか違ってたらごめんね。

でね、もう、なんて愛情深くて優しく、素晴らしい人なの、スーザンって！！！

ほんとにその通り！

いつの間に許さなくちゃいけなくなってたわけ!?

なーーーーーんにも解決してなあああああああい！！！　と思ったね、わたしは。

空にいるママ！

そういうことだから、これからはただ許したとは言わないよ。

はあ。ママの罪まで知らずに背負うとこだった。

いや、ここ何年間かは自発的に背負ってたな。

ママの罪の責任の所在はママに戻さないとね。

でもね、ママの責任をわたしが背負うのは違うし、何も解決していないのに自分の本当の気持ちを顧みず許したと決め込んで生きていくのもやめたけど、だからと言ってまだ許せないことがわんさかあるわけではなくて。


ただ、ふと何かのタイミングで、ああ、あのとき悲しかったなとか、誰かがしている時計を見て、あの時計わたしも持ってたけどママに質屋に売られちゃったんだよなとか、雨が降り出して車のワイパーの音を聞いたら、途中から入れられてすぐやめさせられた幼稚園に知り合いのお兄さんが送ってくれたとき、不安で仕方なかった気持ちとかが思い出される。そういう、どうして？　って思ってること全部本人に伝えてなかったりちゃんと話せてないのに、全てなかったかのように「許した」って言葉で片付けちゃうのは、自分の本当の気持ちに蓋《ふた》をしてることになるんだなと思った。

だからもう、ママのことを許したって言うのはやめることにした。

許すとか許さないって、目に見えないしとってもわかりづらいけど、大事なのはそのことと向き合ってるかどうかだ。

間違いなくわたしは向き合ってはいるし、多分乗り越えても受け入れてもいる。

今の時点ではそれで十分。

ちなみにね、どんなことをされても、どうしてもママはきっとわたしを愛してたはずだって思うんだけど、でも、愛って無条件なものだから、そう考えると愛してなかったのかな、いや、愛してたとしてもそんな自分勝手な愛認めてやるもんか！　とこれまたわたしをグルングルンさせるトピックスなんだけどね、スーザン・フォワード氏はおっしゃった!!

そういう親は、「愛する能力のない親」なのだと。

もうね〜〜、腑《ふ》に落ちたよね。

ママはわたしに愛情はあったけど、愛する能力がなかったんだね。

あー、スッキリした。

わたしたち、ああだのこうだの世界中の動物の中で一番口うるさいイキモノだもんね。

そりゃ、愛するにもスキルが必要なんだろうね。

今日から愛する能力磨きます。

とにかくスーザン、許すとか許さないとか愛してるとか愛してないとか、掘り下げて考えてみてくれて、ありがとう！！！！

インナーチャイルド

わたしは人間関係がへたくそで友達も少ないけど、出会いたい人を引き寄せる力は、なぜか持っている。

インナーチャイルドを癒《いや》したいとふと思ったとき、いつものように奇跡が重なりタイミングよくセラピストさんを紹介してもらえたのだ。

パーツワークというセラピーをしながら、わたしの中のたくさんのわたしに出会っていく。

いいよ大丈夫だよという自分。こんなことは許されるべきではない!!　という自分。

くよくよして立ち止まる自分。全て投げ捨てて、破壊しようとする自分。

普段無意識的に出てくるその全てのキャラクターには、一体どんな意味があるのかを紐解いていく。

一人一人の自分と対話していくと、嫌いだと感じてきた自分も、実は生き延びるために、この世界をサバイブするために自分を守ろうとして身につけた反応なんだということがよくわかるようになる。

わたしはそのセラピーの中で、わたしの中のたくさんのキャラクターたちは小さな頃の傷ついたわたしを一生懸命守るために存在していることを知った。


次のステップとしては、自分でもなかなかコントロールのきかない困った自分をもう休ませてあげるため、その人たちが困った人格になってまで守っている小さい頃のわたしと対面することになった。

その子をもう守らなくても大丈夫なように、実在している自分の子どもたちと同じように、その子もわたしの中で一緒に生きていくことができるように、過去の自分に会いに行くのだ。

これは全くスピリチュアルな感覚ではなくて、自分の記憶や思い出と向き合うという、もっと現実的な作業。

セラピストが言葉でわたしを誘導する。

「何を思い出す？　何歳の頃のあなたが、頭の中に浮かんでる？」

わたしは頭の中に映像として浮かぶ断片的《だんぺんてき》な記憶を、見えているままに伝える。

「6歳か、7歳の頃のわたしがいる。団地の前で一人ぼっちでしゃがんでBB弾を拾ってる。向こうを向いているから、顔は見えません」

「そう。では、その子に近づいてみて。びっくりしないように、声をかけてみて」

「え、できない。したくない。話したくない。顔も見たくないし、関わりたくない」

「どうして？」

「どうしてだかはわからない。でも、もうこの記憶を頭に浮かべたくない。思い出したくない」

「そう……。何もお話をしなくてもいいよ。そっと、笑顔を向けてあげるだけでもいい」

「嫌です。この子は、笑顔なんて向ける価値もないから」

「どうしてそう思うの？」

「わかりません。とにかくそう思うんです。嫌いなんです、この子のことが」

「そうなの……。では、今日はもうやめにしましょう」

わたしは今も小さい頃のわたしに会えずにいる。

コンスタントに進めていたパーツワークだったけど、小さい頃の自分との対面というものが浮上してから、わたしはパーツワークからトンズラしている。

会えない。会いたくない。なんでだかなんて深掘りして考えたくもない。とにかく嫌なんだ。

それだけ。

どうして小さな頃の自分を嫌いとまで思ってしまうのか。

幸せになる価値なんかないんだから、一人ぼっちのまま放っておけばいい。

わたしは本気で、そう思っていた。


ある日、わたしの出張中に夫と電話で喧嘩になってしまって、その夫婦の話し合いの中で、夫が娘もわたしのことをこう言っている、と言い出した。

わたしは何年も前からずっと、子どもはそのとき一緒にいる方に少しいいことを言ったりするものだし、お互いに喧嘩や話し合いのときに子どもがなんて言っていたとかそういう子どもを巻き込むようなことはとにかくやめようと言ってきたけど、彼は度々それを口に出した。

何を聞いても、子どもが自分のいないところでそんなことを言っているのかと思うのはマイナスでしかないのだから、聞きたくない。

でも彼は、そうしないとキミは自分のことがわからないでしょ、と、娘が言っていたことをわざわざまた言い出した。

いい加減わたしは嫌になって、そのあと娘に、そんなことを言っていたんだね。そっか、ごめんねと言ってしまった。

娘は、パパと自分だけの話だったはずなのにそれをママに言われてしまい、そこに悪気や深い意味はなくても、きっとバツが悪かっただろうし、パパとの信頼関係にだって傷がついてしまったかもしれない。わたしは取り返しのつかないことをしてしまったと、何も悪くない娘がかわいそうで出張先のホテルの部屋で一人わんわん泣いた。

娘が生まれてきてから10年とちょっと、娘を傷つけてしまったかもしれないと初めて思った出来事だった。

ただ無条件に守って、受け入れて、愛していたい存在。わたしにとって子どもたちはそれでしかないから、傷つけたくない。

そう思って娘への愛が溢《あふ》れて一人で泣いていたとき、ふと、背中を向けてしゃがんでいる小さい頃のわたしが映像として頭に浮かんだ。

わたしだって、同じなのではないか。

誰かに無条件に守られて、愛される権利を持っていたのではないか。
わたしは自分の子どもたちにはそう思えるのに、どうして自分には
その価値がないと思っているのか。

なんでだかは、まだわからない。
でもそう思ったわたしは、出張から戻ったらもう逃げずに小さい頃
のわたしに会いに行こうと決めた。
結果がどうなるのかはわからない。
でも、会いに行くからね。
待っててね、一人ぼっちの小さいわたし。

すっごい泣いた夜

夜中12時25分現在。
号泣した。

今もまだ、鼻水と涙が垂れてくる。

鼻が詰まって、垂れてくる鼻水をどうすることもできないまま、わたしはこれを書いてる。

明日もいつも通り5時に起きて子どもたちに朝ごはんを食べさせて、お弁当を作って、渋滞のせいで往復1時間かかる学校に送りに行く。
でも、寝るより大切なことってある。

とにかく一回、鼻をかんでこなくっちゃ。

今わたしは自宅のわたしのオフィスにいて、扉の向こうにはリビングがある。

そこにまだ彼がいるかもしれないし、いないかもしれない。いたとしたら、突然こんなに涙と鼻水でぐちゃぐちゃ、おそらく目も鼻も真っ赤っかな顔を見られるのはちょっと気まずい。だからやっぱりパジャマで鼻を拭いてしまおう。

動揺していて気持ちをうまく書き始められないのだけど……。

今朝わたしは、３人目の子どもの産後に出会った整体師さんの施術を受けに行った。

その人は絶妙な距離感を保ってくれる居心地の良い人で、整体前のマッサージも最高に気持ちが良いから本当は一言も話さずじっくり身を委《ゆだ》ねたら良いのだろうなと思いながらも、どうしても彼女と話したくなってベラベラと話してしまう。

今日彼女と話してわかったことは、わたしのインナーチャイルドはまだ全然癒えてなんかなかったということ。

うちのママがどれだけめちゃくちゃだったかを、笑いながらわたしは話した。

ママのことは前はほとんど話さずにいたけれど、自分の中でなんとなく整理ができてきた気がして、自分の過去や親とのことが話題に出たら、冷静になんてことなく話せる、そう思っていたし、少しずつそうしてきた。

このあいだも友達とコラボしたインスタライブで結婚式の話題になり、親へ手紙を読んだりスピーチをしたかという話になって、瞬時に「わたしの本を読んでくれたって言ってたから知ってると思うけど、わたしの親色々で、結婚式にはこれなかった」とケロッと返した。

そんなの当たり前で、なんにも悲しくないと思ってた。

わたしのママは特殊で、最後の10年間は寝たきりで、死ぬにはまだ若かったけど、亡くなった。

ただそれだけのことだった。

わたしはママが死んでからそのことについて一度もわんわん泣いたことがなかった。

ついでに、ママが死んでから他のことに関しても、あまり泣かなくなった。

なんとなくそのことに気づいてからは違和感を抱いていたけど理由はよくわからなかった。親子関係についてはもう自分と自分の親とのことより子どもたちと自分たち（わたしと夫）のことの方に集中していたからか、単純にママはもういないから考えても仕方がなかったからか、とにかく理由はわからないけどあまり深く追求してこなかった。

これを書きながら思ったけど、自分でも気づかないように自分を誤《ご》魔《ま》化《か》しながら向き合うことを避けていたのかもしれない。

わたしは
悲しかった。
寂しかった。
悔しかった。
辛かった。

ママとはもう会えない。

ママはただ優しいような人じゃなかった。
わたしの人生において、わたしを一番泣かせた人。
わたしを一番侮辱した人。

わたしを一番悲しませたし、一番不安にさせた。

ママに愛されたくて仕方なかった。

自分がどう思っているかなんてことよりも何よりもママがどう思うかばかり気になった。

ママは小さかったわたしの全てだった。

ママはいつも怒っていて、困っていて、泣いていた。

ママを守りたくて、ママを喜ばせたくてママのために存在していた小さかった頃のわたし。

だけどママはちょっとやそっとじゃ、喜んでくれない。

わたしの人生を全て差し出しても、まだ足りないと不服そうにする。

大人になったわたしだって、母親という存在に褒《ほ》めて欲しいときがある。

一生懸命生きてるよ。

子どもを3人も産んで、自分が一番いいと思うご飯を食べさせて、子どもたちの誕生日には毎年披露宴みたいなバースデーパーティーをしちゃってるよ。

わたしは家族に一度もお誕生日をお祝いしてもらったことがなかったから、自分の子どもにはそんな思いはさせたくなくて、やりすぎちゃっているかもしれない。


わたしと同じくらいの年の友達は、自分の子どものバースデーパーティーをして、そこにはその友達の母親も来てて、「偉いね。子どものためにこんなパーティーをしてあげて、よく頑張ってるね」と言われていた。

そこに居合わせたわたしは、素直にそうだよね、優しいママだねと友達のことを思いながらも、どこかで自分の寂しさを感じていたんだ。

わたしのことを褒めてくれたり、気にかけてくれる母親は、わたしにはいない。

ママにいくらお金をあげたって、何をプレゼントしたって、どんなに寝ないでママの喜ぶ仕事をしたって、ママはわたしにまだ足りないんだって思わせたまま死んでいった。

わたしには普通の母親はいないから。

褒められなくても、侮辱されても、叩かれても、お金を全部取られても、何をされても仕方がないって、どうして思っていたんだろう。

普通の母親でも普通じゃない母親でも、そんなのどっちでも良いから、わたしはただママに無条件に大切にされたかった。

なんのわだかまりもなく、愛しかない関係を作りたかった。
優しくされたかった。
大事にされたかった。
褒められたかった。

いつの間にかわたしは、ママのママになっていた。

わたしがこんなに泣いたのは、わたしにもママに甘えたかったって思う権利があったことに気づいたから。
聞かされても重いだろうななんて相手のことを考えておちゃらけたり、全然平気に振る舞ったりしてきたけど、本当は悲しかったって言う権利があるって、気づいたから。

わたしは悲しかった。
ママがあんなふうに死んでいったこと。

あんなふうに生きていたこと。
それを見ていたことが、本当に悲しかった。

わたしのたった一人のママなのに……。

ママはもういない。
わたしを悲しませたまま、無責任にいなくなった。
わたしを置いてきぼりにして。
わたしが泣いたって、ママは慰《なぐさ》めてなんかくれない。
そんなの知っていたから、ママが死んだってわたしは泣かなかった。

ママがわたしを、泣かせてくれなかったんだ。

久しぶりに泣いた夜。
こんなに泣いたのは、いつぶりだろう。

わたしは今夜、
小さい子みたいになれたよ。
わんわん泣けたよ、ママ。

子どもの頃から今でもずっと
わたしを一番慰めてくれるのは
海や木や花だった

宗教二世

ハタチの頃に通っていたカウンセリングで、過去のことを全て思い出すようにと毎週カウンセラーから言われていた。

カウンセラーがわたしに幼少期の記憶が蘇《よみがえ》るような質問をひとつひとつする。

それが何週間か繰り返されたあと、わたしは母親に革のベルトでお尻を叩かれていたことを思い出した。

頭の中に蘇ったその記憶は、鮮明な映像として浮かんでくる。

そのときの痛みや恐怖、羞恥心《しゅうちしん》、理不尽に思いながらも無抵抗に耐えている子どもの頃のわたしが感じていたこと。

こんなに鮮明に思い出しても、わたしはその記憶を信じることができない。

「今わたしが思い出したものは過去の記憶ではなくて、自分で作り出した被害妄想だと思います。ママがわたしにあんなことをするはずがない」と言うとカウンセラーは、

「残念だけど思い出したその記憶は、あなたが過去に本当に体験したものだと思います。時間がかかるかもしれないけど、次は思い出した記憶が本当に起こったことだと受け入れていく作業をしていきましょう」と言った。

わたしはどうしても頭に浮かんできた数々の映像や感情が過去の体験だと信じられず、きょうだいに電話をかけた。

「今カウンセリングの帰りなんだけどね、子どもの頃、ママってわたしのこと叩いてた？　小さい頃のことを全部思い出すように言われててね、なんか今日突然、パンツ脱がされたお尻をママに革のベルトで叩かれてることを思い出した。ママそんなことした？　なんか自分の被害妄想じゃないかと思って」

「忘れたの？　そんなのしょっちゅうだったよ。それ以上に酷いこと

も、さんざんされてきたよ」

蘇ってきた過去の記憶は被害妄想なんかじゃなかった。

真っ暗な押し入れに閉じ込められたことだってある。きょうだいが髪の毛を掴《つか》まれ引きずられながらお風呂場に連れて行かれて水のシャワーを頭からかけられているところを見たこともあるし、階段の上から掃除機を投げつけられたり、大事な本を窓から外に何冊も投げ捨てられたりしているところを見たこともある。

わたしたちは一体、どんなに悪いことをしていたんだろう。母親をそこまで怒らせてしまうようなこと。

その記憶が蘇ってからは、母親の「お尻出しなさい！」と感情的に怒鳴る声がすぐに思い出せるようになってしまった。

わたしは今、3人の子どもと暮らしている。一番上の子はもうすぐ11歳で、その下に5歳と1歳の子がいる。

11年子どもと暮らしてきて、この子たちはお尻を叩くほど悪いことを一度もしたことがない。

まだわたしの管理下にいるこの小さな人たちが、どんな悪さをできるというのか。

感情的に怒鳴って怒ることが必要なことも、叩かなきゃならなかったことも今のところ一度もない。

小学生の頃学校に行くときに左胸につけていたわたしの名札の裏には、輸血をしないでくださいと母親の字で書かれていて、「もし事故か何かに遭って病院に運ばれて輸血をしないと死ぬと言われても、輸血はせず死になさい」と教えられていた。

母親が死ぬ数日前、医師から母の貧血が酷いと告げられ、輸血をしないと危ないと言われた。

わたしは動揺した。父親も動揺して、「ママには内緒にして輸血をしてもらうのはどうだろうか」と言った。

わたしは、「そんなのあり得ないよ……」と言った。

絶望の重い空気を全てさらって、兄が口を開いた。

「本当のことを話して、本人に決めさせるしかないでしょ。信仰心を持っているのは本人で、そこはこっちにはわかりようもないことなんだからさ」

「集中治療室でそんな究極の選択させるのかわいそうだよ……。究極の選択というか、自ら死を選ばせるなんて……」

「いや、母親は輸血することを選ぶよ。しかもあっさりね」

「え……。それはないよ……。だってわたしの名札に輸血はしないでくださいって書いてたんだよ……」

「思い出してみろよ。神を信じてると言いながら宗教の教えに反したことをしたときも、いつも神はわかってくださってるとか言ってさ。全部自分の都合だっただろ」

確かに母は昔からそういうところが多々あった。

　宗教の教えから誕生日を家族に祝ってもらったことは一度もなかったし、クリスマスもお正月もやらない、校歌も歌わないように言われていたから小学校1年生のとき、「こいつは朝会でいつも校歌を歌わない」と隣のクラスの男子に唾《つば》をかけられたこともある。

　戦ったり競ったりすることも禁止されていたから運動会もあまり参加させてもらえなかったし、普通に生きるほとんどのことを制限されていた。

　それなのに母親は人に借りたお金を返さなかったり、わたしを芸能界で働かせたりした。

　借りたものを返さないのは盗みになるからダメなんじゃない？　と言っても神はこの状況を全てわかっているから許してくださる、と言っていたし、親のために働きなさいと言っていた。

　母親に輸血をしないと危ないと告げた医師が母親のいる集中治療室から出てきた。

「お母さん、輸血をするそうです」

「母がそう言ったんですか？　ほんとですか？」

「はい。ご本人の同意が取れましたので、すぐに輸血を始めます」


兄の言ったことは正しかった。

わたしは廊下の隅っこまで歩いて人知れず泣き崩れた。

わたしが信じていたわけでもない宗教の教えで、ママはわたしの命を自分のもののように扱っていて、輸血をしないといけないなら死になさいと教えていたのに。子どもながらにわたしはいつも恐怖を感じながら生きてきた。

あの車に轢《ひ》かれたら、わたしは助けてもらえない。

どうかわたしを轢かないでくださいと唱えながら歩いた通学路。

唾をかけられても、変わり者扱いされても、ママをガッカリさせちゃいけない、お尻を鞭《むち》で叩かれないようにと耐えてきた理不尽と諦めで埋め尽くされていたわたしの人生。

それを、こんなにあっさり輸血を受けることにするぐらいの気持ちでわたしに押し付けてきたの？

わたしは宗教も神様もよくわからない。今となってはわたしには関係ないことだけど、ママが本気で信じているならそれはママの自由。そんな親の元に生まれてきちゃったんだから全部仕方がなかったと思うしかないって自分に言い聞かせてきたけど、ママがそれを選ぶなら話は変わってくるよ。

生きることと引き換えに自分の宗教の教えに叛《そむ》いて輸血をすることを選んだなら、全てを奪われてきたわたしの人生を返してよ。

誕生日だって祝ってもらいたかったし、校歌だって歌いたかったし、お世話になった人のお葬式だって行きたかった。

子どもながらに感じてきた、うちの親は変わった宗教に入っているという恥ずかしさとか、だけどそんなふうに思うのは悪霊に唆《そそのか》されているからだとか、だからわたしは滅ぼされると言われる恐怖で、自分の本心すら一生懸命封じ込めてきたわたしの人生を返してよ。

そんなふうに泣き崩れながらも、一方では今ママはどんな気持ちで輸血を受けているんだろう。神に叛いて輸血をしている恐怖心と、でも神はわかってくださるみたいな自分のいつもの都合をたった一人、声も出せずベッドの上でぐるぐる考えているのだろうかと思うと、かわいそうだという気持ちと変な罪悪感でいっぱいになった。

そうだ、わたしは何も悪いことなんてしていなかったんだ。

学校に行きたいと言っただけだ。

給食費を払って欲しいと言ったり、トイレに行きたいと言ったり、当たり前の権利を主張しただけ。

それを、偉そうに自分の主張をするなんてママの思い通りのわたしではないと鞭で叩かれてきた。

そんなふうにされてきたから自分の当たり前の権利を主張するとき、

今でも必ず罪悪感が付きまとってくるんだ。

母に合わせてあんなにも多くのことを諦めてきて、その中で許されていることを主張しただけだったのに。


うちの家庭環境や母が亡くなるときの一部始終を見てきた夫は、わたしの育った家庭がめちゃくちゃだったり両親があんなになってしまったりしたのは、全て宗教が関係している。宗教が親も家庭もおかしくしたんだと何度も言っていた。

夫は母親が輸血をしたのにもかかわらず助からず亡くなって、すぐに父親にその宗教はカルト認定されているということを話したり、宗教二世について書かれている本を送ったりしていた。

母が輸血をすることを選んでわたしがショックを受けているのを見て、現実を見て娘と向き合い、心の傷を少しでも小さくできるのはもうお義父《とう》さんしかいないのだから、せめてそのくらいしてあげて欲しいと真剣に話してくれたみたいだけど、父親がその本を読んだのかすらわからないまま今に至る。

わたしにはうちがあんなにめちゃくちゃだったのは宗教のせいだけだと思えなかった。

信仰心はそれぞれ自由だし、何よりも宗教について深く考えることがどうしてもできなかった。

そこだけは触りたくない、パンドラの箱のようなもの。否定もしたくなければ、肯定もしたくない。

そもそもわたしがうちの両親や家庭環境が異常だったと心底認めることができるようになったのは、子どもを産んで子どもと暮らすようになってからだった。

それまでは、おかしいと思いながらもそんなことを思ってはいけないとか、母親だって一生懸命生きているんだから、みんなそれぞれ家庭環境は違って当然なのだからと、現実に起こっていることが自分にとって一体何なのかわからず苦しかった。

誰にも知られず、とにかく触れず、ただただ時が経って過去の記憶が薄れていくのを待っていた。

でも最近宗教二世という言葉が世の中に出始めて、時々情報に接するようになった。

そこにはわたしと同じように人生の自由を奪われ、何も悪いことをしていないのに鞭で打たれてきた人たちの証言があった。

驚いたのは、子どもを鞭で叩いていることを大人たちは自慢げに話したり、体罰を与えられない親に「子どもは叩いて言うことを聞かせなきゃダメだ」と批判し暴力を促したりしていることだ。

今現在も密室であの恐ろしい虐待は続けられているのだろうか。

日本出張中、ほとんどテレビをつけないのだけど、なぜかその日はホテルの部屋でテレビをつけた。昔わたしも何度かゲストで呼んでもらったことがある、ゴールデンタイムの人気番組がやっていた。

懐かしいなと思いながらしばらく見ていたら、宗教のことが取り上げられるコーナーが始まり、宗教二世とその母親についての再現VTRが流れ始めた。

わたしはびっくりして、心臓をドキドキさせながら画面に釘付けになった。

その番組の再現VTRは、ゴールデンの番組だからかそこまで酷くはない内容にされていたけど、でもこの番組を見てわたしはあることに気づくことができた。

わたしは昔から会議室やテレビの収録、黙ってじっとその場にいないといけない状況がすごく苦手で、何度もパニックを起こしそうになったり、非常識にも収録中や会議中に何度もその場を飛び出したことがある。

それは単に自分の性格のせいだと思っていた。

でもそれは、どうやらわたしの先天的な性格ではなく、子どもの頃の経験からだったのだ。

聖書の勉強をするために毎週3回集会と呼ばれる宗教の集いに連れ

て行かれていた頃、席に着いたあと少しでも物音を立てたり、トイレに行きたいなどと言ったら、鬼のような顔をした母親に叱られていた。だから静かにじっとしていないといけない場所が、こんなにも苦手になったんだということに今頃になって初めて気づくことができ、わたしは興奮した。

出会ってきたカウンセラーやセラピストが過去の経験を全て思い出させようとするのはそのためなのだ。

ステップ1、思い出すこと。ステップ2、思い出した過去の経験と向き合うこと。ステップ3、向き合った経験を受け入れたり自分を癒したりして手放すこと。ステップ4、手放したあとはいつもの癖で同じような反応を繰り返してしまわないように注意しながら、新しい本当の自分の反応を見つけること。

きっと、このプロセスができれば自分を変えていける。

夫の言うように、わたしの育った家庭や親がめちゃくちゃになったほとんどの理由はこの宗教のせいなのだろうか。

わたしはこれからこの宗教のこと、二世について、なるべく触れずにいた幼少期に受けた虐待について、深く知っていくことになるんだろう。もう目を逸らすことはできない。

わたしは今、パンドラの箱を開けかけている。

ネガティブな脳の回路

わたしは映画が苦手。

東京で仕事をしていたときはなんとなく空気読んじゃってそんなこと言えなかったし、映画が苦手なんて人には一度も会ったことがなく、みんな最近観たおすすめの映画や人生を変えるほど影響を与えられたとっておきの1本を教えてくれたりした。わたしも、これから日本で上映される映画の紹介だって仕事で何度かさせてもらったし、映画に出たことも何度かある。

わたしっていつもフツーフツーうるさいけど、とにかくならなくちゃいけないと勘違いしてたフツーの人になるためには、絶対に映画を観なくちゃいけないと思っていたし、ほとんど観なかったとしても苦手なんて思っちゃいけない、そう信じてた。

でもね、この2~3年で観た映画、1本も思い出せない。

多分観てない。

ドキュメンタリーは観たんだけど。

わたしだって人並みにアメドラにハマったこともあって、『ゴシップガール』大好き！　なんて言えるのはイケてる女子の証《あかし》みたいでそりゃもうその時期はゴシップガールネタを言いまくってた。でも彼に誘われてついうっかり戦闘モノとかマフィアモノ、泣ける系とかホラー、サスペンスなんて観ちゃった日にはその後遺症で来る日も来る日も不安で悲しくて恐怖と絶望を抱えながら生きることになってしまってた。


なんでみんな、ああいうの観ても観終わったらすぐ切り替えて、いい映画だったね~！　あのシーンがどうの、カット割がどうの、役者の演技がどうのとか、久々に泣いたとか言いながら、さ、なんか美味しいものでも食べに行こっかぁなんてできるわけ？？？

わたしは感情が揺さぶられるようなことが嫌い。

とにかく心の平和を死守していたい。

きっと映画を他人事《ひとごと》として楽しめる人は、心底ポジティブだったり自分に揺るぎない自信があったり、わたしの人生でなくこれは作り物、と割り切れたりして、どんなときでも自分自身に大丈夫と言ってあげられるんだろうな。それって脳の回路がそう作られているからだよね。

羨ましい!!!


わたしなんて不安要素を、1投入されたら動揺、2で崩壊、3で破滅に向かってく。それを立て直すのって本当に一苦労。

これはわたしの直すべき脳の癖なんだってわかってからも、ぜんっぜん直らないよ。

こうなったらどうしよう、ああなっちゃうかもしれないって、悲劇の妄想の達人。

映画を観なくったって普段の生活の中の出来事でそれができちゃう

んだから、映画なんてわざわざ観ちゃったらそりゃもうネガティブ回路で脳みそ埋め尽くされちゃうもん。

あとね、昔から言っちゃいけないと黙っていたけれど、映画とかで車やビルなどなど爆破したりするのが、すっごくもったいないって思っちゃうんだよね。大事な資源がさ。

まあでも英語の勉強に映画やドラマはもってこいだから、自分の許容範囲とわかったものだけはこれからの人生でもたまーに観させてもらうと思います。

昔はドキュメンタリーの方がもっと怖くて観れなかった。

でも今は、知らないことの方が怖いと思うようになったから、自分の知りたいこと、知るべきだと思うものは観ます。手で目を覆いながらでもね。


そんなわたしの悲しくて面倒臭い脳の癖が出来上がってしまった理由は今ではちゃんとわかってるの。

小さいときにずっと不安だったり怖がらせられたりして恐怖を植え付けられてきたから。

わたしは4人きょうだいなんだけど、4人もいたら一人くらい死んじゃったりしてもおかしくない。もし死んじゃうとしたら愛（わたしの本名）だ、と母親に言われたり、執拗なまでにわたしは体が弱いと言われたり、お化けが出るだの神に叛いたら悪霊がくるだの、とにかくわたしの幼少期は恐怖でいっぱいの日々だった。

ヒステリックな母親がいつ怒り出すかわからないことにも怯《おび》えながら顔色を窺《うかが》う日々だったし。

電気が止まって真っ暗な家に集金の人がきて居留守を使うために少しの物音でも立てちゃいけないときだって、そのこと自体も怖いのに、もし物音を立ててしまったら母親にどれだけ怒られるんだろうと青ざめながら、死んだような気持ちになってその時間をやり過ごした。

母親の運転する車に乗っていたときのこと。電車が通過中の踏み切り付近で突然母親の様子がおかしくなり、「愛ちゃん！　踏み切りに突っ込んじゃいそうな気持ち！　ブレーキーーーー！！！」と叫び出したり、一緒に電車で母親の好きな雑貨屋に買い物に連れて行かれたときは、急行だからしばらく電車は止まらないのに、突然「電車止めて〜！！！！！！」と母親が叫び出し、電車の椅子に母親を横にさせてもらいながらようやく目的の駅につき、母親を支えてまだ小さい妹となんとか母親の行きたかったお店まで連れて行き、買い物するはずがお店の裏のスペースに母親を横にさせてもらって休ませたりした。

忘れもしない、わたしが小学校5年生の頃だったから、今の長女と同じくらいのときか。

うちの子どもたちが通う学校の校長から週末、親のわたしたち宛にきたメールに、親たちは例外なくみんな忙しいと思うけど、なんとか自分の時間を確保して、たまには目覚ましをかけないで寝て。子どもたちもペースダウンするための時間とスペースが必要であるし、あなたが（親が）あなた自身のために時間を使い、人生を楽しむモデルを子どもたちは見る必要がある、というようなことが書かれていた。
訳したから変な文章になっちゃったけど、要するに親子であっても
お互いのスペースを守ることは大切なこと。親が子どものことだけに
ならず自分自身の人生を楽しんでいる様を見ることは子どもにとって
その後の人生を生きる上でとても大切な見本になるから、子育ては途
方もなく忙しいけど、子どものためにもなんとか自分のライフもエン
ジョイしましょうってことだと思うんだけど、やっぱりそうだよねーー
ー！

わたしなんてさ、いつも支配されて権利を奪われていたから自分の
スペースなんてゼロだったし、いつも困ってたり怒ってたりする親ば
っかり見てきたし、自分の考えより母親が気に入る考えばっかり選ん
できちゃったからこんなに残念な脳の回路が出来上がっちゃってるん
だよね。

しかも実体のない恐怖（お化けとか悪霊とか）と、実体のある恐怖
（母親の突発的なパニックとか病気とかヒステリーとか、電気が止

まったりする生命の危機とか借金取りとか）、両方刷り込まれてるんだよ。

やばくない？　笑。

そういった過去の事実は受け入れながらも、そのせいだけにして何も変わっていけず、永遠にネガティブな脳の癖と共に人生を送るつもりはないから、常に少しでも新しい脳の回路を作ってそれを癖づけようと試みているし、これでも本当にましになったんだから！

でもさ、いまだに一人だとなんか不安で熟睡できないし（夫が近くの部屋にいてもだめ。横にいないと無理）、わたしの修行はまだまだ長い道のりです。

長女なんてさ、今日は早寝しようっとなんて言って、小さい頃から勝手に自分の部屋のドアを閉めて電気消して真っ暗な中、一人でぐうぐう寝ちゃうんだよ。

怖かったり寂しかったりしないの？　と聞いたら、「は？　なんで？

静かで真っ暗が一番良く眠れるじゃん」と言われてカッコ良すぎて絶句した。

そうよ。だってわたしは今でも一人で安眠できないことが嫌で、子どもたちにはそんな思いもさせまいと、親としてできることをコツコツしてきたんだもん。大成功じゃん。

こんなにいまだに修行中のわたしだとしても、ちゃんと意識していれば子どもたちにはわたしが嫌だったことを受け継がせずにいられるんだから。

でもたまに、なんで子どもたちに対してはこんなにうまくできるんだろう。やっぱり子ども時代の色んなことはわたしが大袈裟《おおげさ》に思ってるだけなんじゃないかって思いたくなるときがある。

毒親育ちならではの、人の罪まで自分の責任にしたがる脳の癖が疼《うず》きます。

ネガティブ・ケイパビリティ＝オバタリアン？

この本は当初、『Ｄｅａｒ ママ』というタイトルで一冊まるまる母の死について書こうと思っていた。

自分をこの世に生み出した人の死は、もうその人がいないのにここに自分が存在してる生き物としての不思議さを感じさせられて、生き物にとって永遠のテーマのように感じていた。

それに、愛されたくて仕方がなかったのに、全てが中途半端な関係のままもう二度と会えなくなってしまった母親のことを、一冊の本にするという形で向き合ったら、自分の中で何か答えのようなものが出せる気がしていた。

わたしは漠然《ばくぜん》と、最後は号泣してしまうような感動的な本になるんだろうと確信していた。

でも実際は、考えても考えても、書けない。

自分自身が母親のことをどう思っているのかどんなに向き合ってみてもどうしてもわからないし、手紙の1通も残さず生きたいように生きて、自分の人生を他人の手に委ねたまま死んでいった母親のことを、いまだにどう受け止めればいいのかわからない。


父も母も自分の人生の責任を平気で子どもたちに押し付けるような人たちだから、わたしはいつも、父と母が幸せじゃないのはわたしに責任があるんだと罪悪感を覚えていた。

母が亡くなる最期のとき、集中治療室で筆談をしたときも、人工呼吸器を口から入れた母親は子どものように、父親にされて嫌だったことをスケッチブックいっぱいに永遠に綴《つづ》った。

その口調はまるでわたしに父親の苦情を言うような伝え方で、そのときもまた、わたしは罪悪感でいっぱいになった。

母親の美談なんて、書けるわけがない。

だってわたしたちはお互いに自立した関係で向き合ったことなんてなくて、その絡みついてどこまでも襲い掛かるツタのようなものから、わたしはいつも逃げてはまた罪悪感を覚える日々だったから。


そんなわけでわたしは、今でも母親のことを自分がどう思っているのかわからないままでいる。

数年前までは突然母親をとても小さな女の子のように感じ、寝たきりのときどれだけ不安だったんだろうとか、病室で一人きりで、何を考えていたんだろう、もっと守ってあげるべきだったと胸が張り裂けそうな気分になったりしていたけれど、最近はもうほとんどそんなふうに思うこともなくなった。

わたしの母は、ああいう人だった。

ただそれだけのことで、無理に美談にする必要もなければ、何か答えが必要なわけでもない。

人間はなんでも白黒つけたい生き物だけど、どうしても答えの出ないことや考えてもわからないことってある。

こじつけだったとしても答えや理由探しに莫大《ばくだい》な時間を費やして生きてきたけど、どうしてもはっきりさせられない母親のことをそのまま受け入れることで、不確実さや懐疑の中にいることができる強さを手に入れたことを知る。

わたしは繊細な女の子からいつの間にかおばさんになり、そしてずぶといオバタリアンにでもなり始めているのかもしれない。

何に対しても理由が必要で繊細な女の子だったあの頃を経て、おばさんになってからは、答えが出ないこともあるよね、と発想の転換がうまくなり、オバタリアンになり始めているのであろう今は、そんなのどっちでもよくない？　考えてもわからないんだから、そんなことに時間を費やすのは無駄無駄！　そのうちふとわかるときが来るかもしれないし、来ないかもしれない。だけどそれは大した問題ではない。と、曖昧なままでいられる図太さを手に入れたのだ。

若かりし頃、こんなふうにはなりたくないと横目で見ていたオバタリアン。

図々しくて繊細さのない、こうなったら終わりだと思っていたオバタリアン。

それがわたしも図々しくて繊細さを失いつつあるオバタリアンになりかけの今、ついに自分もなってしまったと嘆くどころか、オバタリアンって最高じゃない？　と思っているんだから不思議。

だってさ、答えが出ないことも理由が見つからないことも、生きてりゃそりゃあるよ。

でも乙女の繊細な心はそんなことに耐えられないから、永遠に答えの出ないその議題に時間を費やしちゃってさ、そんな無駄な時間を過ごすくらいなら曖昧なままいる強さを手に入れた方が人生の限られた大切な時間をよっぽど有効に使えると思うわけ。食欲ない……。なんて言ってるより、それはそれ！　と、美味しいご飯を食べてぐうぐう寝ちゃう方がいいに決まってる。

ああ、早く本物のオバタリアンになりたい♡

もしかして、人生本気で楽しめるのはそこからかもね。

乙女にはわからない、気楽で楽しい曖昧な世界。

ん～、実にワクワクする。

そんなわけで、『Ｄｅａｒママ』を書くのは失敗。

だけどいつか何かのきっかけでこの次の段階に進むことができたら、

それも正直に書いてみるから、そのときはまた読んでね。

オバタリアンより。

パンドラの箱

宗教二世のことを少しずつ調べ始めている。誤解のないようにお伝えしておくと、わたしは全ての宗教に対して批判するつもりはない。何を信じていてもそれは個人の自由であると思っている。ただわたしは、わたしが信じていたわけでもなく、興味があったわけでもない宗教を親に押し付けられ、その教えのためにされてきたことや親の生き方には正直疑問を感じているし、実際に被害に遭ってきたと自覚している。

わたしが書く全てのことは、わたしの体験とわたしがわたしの人生において感じたことで、そしてわたしの書く宗教二世というのは、うちの親が入っていた宗教の二世のことです。

宗教二世として育った人たちに取材をしている本を見つけて、読んでみた。昔からわたしには、わたしってどうしてこういうふうにしかできないんだろうとずっと自分を責めてきたことがたくさんあった。その本の中にはそれと同じ思いをしている人がたくさんいて、その人たちは宗教の教えを押し付けられて抑圧されたり、虐待を受けたりしていた結果としてそうなってしまったと話していた。わたしよりもっととっくに親の宗教と自分について、ちゃんと分析していたのだ。セラピーにかかっている人も多くて、セラピストにそう指摘されて気づいた人も多かった。

わたしは過去に何度かセラピーやカウンセリングにかかってきたけど、なぜそこで親の宗教のことを口にしなかったのだろう。そんなことはあまり大したことではないと思っていたのか、そのことだけは知られたくなかったのか、言ってはいけないと思っていたのか、それとも無意識的にその話をすることは気が重くてできなかったのか。どうしてだったのか今でもわからない。

でもきっと過去にかかってきたセラピストたちにまずそのことを話したら、彼らのわたしへのアプローチにはもっと近道ができていたのかもしれない。その話ができない時点で、わたしはどこかで洗脳が解けていなかったのだろうか。

わたしの人格を説明するときに、親との関係や家庭環境の問題も関わっていることは大人になってからはわかっていた。でも夫が言うように、ほとんど全ての問題は宗教から来ているなんて、思っていなかった。

親の宗教のことはわたしの育った家庭が抱えていたたくさんの問題の中の一つだと漠然と思っていたけど、そもそも宗教がその問題自体を作り出していたなんて、生まれたときからその環境にいたわたしには、到底考えつかないことだった。

本を読み進めていくと、宗教二世の人たちは親からの愛情を「条件付きの愛」と表現していた。それはまさにわたしが常々思ってきたことだった。わたしも生まれてからずっと、親が気に入ることや喜ぶことをしないと愛してもらえなかった。わたしの母親は感情的な人間だったし、日によって浮き沈みがあったから同じことをしていてもいつも喜ばれるとは限らず、常に母親の顔色を窺いながら生きてきたけど、そもそも母親の喜ぶことをしないと愛されないなら自分の存在に自信なんか持てるはずもないと、今なら冷静にわかる。

宗教二世や虐待を受けて育った子どもは、脳の海馬《かいば》がきちんと育たなくなってしまうらしい。宗教二世の人たちはわたしと同様、人間関係がうまく作れない悩みを抱えている人がとても多いみたいだ。

子ども時代に宗教の教えを押し付けられ自分の言動全てが抑圧されたり、体罰を受けたり、滅ぼされると言われたりしていつも恐怖を感じていたことで作られた心の闇の大きさはどのくらいなんだろう。でも学校や社会に出て出会う人たちには、わたしのそんな生い立ちは関係がない。わたしだってみんなみたいにうまくやりたくてもいまだにやり方がわからないときが多々あって、結果、変な人と思われたり嫌われたりする。好きでそうなったわけじゃないのに、たまたま運悪く宗教二世として生まれてきてしまったために、いまだに生きていくことにこんなに苦しさが付きまとう。

そもそもその宗教の教えを信じてもいなければ疑ってもいないけど（要するに無）、仮にその教えが真実だったとしてもわたしは正直、永遠の命を手に入れなくても、楽園に行けなくてもいいから今生きているこの人生を、こんな苦しみを持たずに生きていきたかった。それと引き換えに滅ぼされるというなら、それでも構わない。

わたしが中学生の頃に誰にも知られず書いていた物語で、〝ママ教〟というタイトルのものがあった。

その物語はママがわたしの住む世界の王で、ママの言うことは絶対で、わたしは王の言いなりになる人参《にんじん》だった。その物語は現実の関係をおもしろおかしく描いたものだけど、もしわたしの母親があの宗教に入っていなかったら、わたしと母親の関係は違うものになっていたのかもしれないと今になって考えるようになった。

どちらにしてもうちの母親も子ども時代に傷を負っていただろうし、それを癒せないまま目の前の毎日を母親なりに一生懸命生きていたんだろうから、この宗教に入っていなかったとしても無条件に愛してくれて、体罰を全くしなかったかどうかはわからない。

でももしかしたら宗教に入っているよりよっぽどマシだったのかもしれない。わたしの母親はいつもすごく支配的で、親の言うことは絶対だと権力を振り翳《かざ》し、わたしの本当の気持ちや辛さに寄り添ってくれたことはなかった。

母親の言うことは大体がめちゃくちゃだったけど、それでもあんなに自信満々にわたしにあの態度を取り続けていられたのは、宗教の教えから親である自分はどんなであろうとも絶対的存在で、子どもは親に対して従順でいなければならないと刷り込まれていたのだろうか。

もし宗教の教えによって母親の人格まで変わっていたのだとしたら、わたしは本当の母親を知らないのかもしれない。

よっぽど人間ができている親ならまだしも、自分都合の価値観全部を子どもに押し付けることを、宗教がアリだと勘違いさせてしまうとしたら、その親の元にいる子どもたちが被る被害は、取り返しがつかないほど大きなものだと思う。

今もし母親が生きていて、冷静にこの話をしたらなんて言うのだろうか。それでもまだ、サタンに唆されてるとか試されてるとか言うのだろうか。

第2章　母親になったわたし

Chapter.2 Me as a mother

心と心で繋がっているかどうかを
重要視し過ぎて、
その場にうまく存在できないときがある

子育て

一番上の子が今年中学生になる。

この間生まれたばっかりだったのに！　この間プリスクールに上がったばっかりだったし、この間小学校1年生になったばっかりだった。

それなのに、今年、本当に中学生になるんだ。

信じられないよう。

わたしにとって我が子との暮らしはとても気づきの多いありがたいもので、わたしの人生を振り返ったときにこの経験がわたしを変えるきっかけをくれたと言えるほど大きなものだ。

我が子が今年中学生になる事実は信じられないながらも、最近子どもたちに対して感じることが少し変わってきた自分を思うと、やはりそれなりの時間は経っているんだなと実感する。

一番上の子を妊娠中、不安と喜びが入り混じる中、とにかくわたしのように悲しい幼少期を過ごさせたくないと思った。悲しみや絶望は自分の代で断ち切るんだ、同じことを繰り返さないんだと心に誓い、日々そのことを忘れず実行してきた自分を褒めたい。

見事わたしは、わたしの代で断ち切るべきものを断ち切ったのだ。子どもたちを見ていて思う。これは、成功したに違いない。わたしと子どもたちの関係も、なんのわだかまりもなく良好だ。わたしが自分の親と築いていた関係とはまるで違う。

わたしはいつも細心の注意を払って子どもたちと接してきた。傷つけないように、トラウマを作らないように、親との関わりでいつの間にか自己肯定ができる人間になるように、自信が持てるように、自分を愛せるように、他人を受け入れられるように、悲観せず人生を楽しめるように。

そのためにわたしが子どもたちにしてきたことは、彼らをどんなときでも愛して受け入れること。理不尽に怒ったりせず、きちんと説明すること。必要以上に口出しせず見守ること。言い方に気をつけながらもどんなときでも本心を伝えること。尊重すること。

わたしはこうやって子どもたちと関わってきて、彼らが明るく前向きに育ち、本当に良かったと思っている。このやり方はわたしの過去の経験から自分なりに考えてしていることだけど、夫の子どもたちとの関わり方はわたしとは全然違う。

夫はちょっと支配的なことも堂々と子どもたちに言ったりもするし、自分の機嫌で突然説教したりもする。

わたしはそれが最近までとても苦手で、子どもを叱る彼に怒ってさらに最悪な事態にしてしまったりしていた。

そもそも父親と子どもの関係に、よっぽどのことでもない限り口出しするべきではない。

頭で考えればすぐにわかるシンプルなことなのに、実際その場に立ち会ってしまうとどうしてもそれができなかったのだ。

父親に怒られて傷ついてしまわないだろうか。わたしの子どもの頃のように人生に絶望してしまわないだろうか。不安がよぎって夫の説教をいなしてしまっていた。

そんなことをしたら彼の子どもに対しての立場はなくなり、子どもたちもどちらの言うことを聞けばいいのかわからなくなり、その事態に夫はわたしに腹を立て、家族中の雰囲気、最悪。

だけど最近わたしは、そんなときに口出しをせず黙っていられるようになったのだ。

ひとつは、子どもたちの父親はこの人であり、虐待をしていたり何か問題だと感じたりすることでもない限りは、わたしがどうこう口出しするべきではないと思えるようになったこと。彼はわたしとはまた違うやり方で子どもたちを愛している。

思春期に差し掛かろうとしている一番上の子もいまだにパパの膝の

上に座るほどパパのことが大好きだし、お互い気も遣わず言いたいことを言い合っていて、とてもいい関係を築いている。

彼が子どもたちに説教していても動揺せずにいられるようになって、わたしはとても楽になった。基本的に怒らないわたしと、ビシッとものを言う彼と、もしかしたらバランスがいいのかもしれない。


あるとき、パパに説教された娘に気持ちを聞いてみた。

「さっきパパに怒られちゃったね。どう思って聞いていたの？」

「パパの言ってること、本当にそうだな、あーあ、またやっちゃったけど、でも次からできるようにしようっとって思ってたよ」

「そうなんだ。怒られて悲しくならなかったの？」

「悲しくならないよ。言ってくれた方がいいじゃん」

「パパのこと怖いと思ったりする？」

「うーん？　言い方がきついときとか機嫌が悪いときは、パパ今こういうテンションのときか。そっとしておこうって思ってるけど、怖くないよ」

それを聞けてよかった。

そうなのだ。うちの子たちはちょっとパパに説教されたぐらいじゃ、無傷なのだ。だって、説教された直後ケロッとさらに彼の逆鱗《げきりん》に触れるようなことができてしまうの。もちろんわざとじゃないんだけどね、そのくらい思い詰めてもいないし、ケロッとしているということ。

わたしが子どもの頃なんて、母親に怒られたら怖くて怖くて、しばらくは萎縮して微動だにできなかったんだけど。わたしのされてきた理不尽な説教とは全く違うんだから、そりゃそうか。

ああよかった、大丈夫だ。うちの子たちはわたしのようには、誰もなっていない。

流産

長女と長男の間にお空へ戻った子が一人いる。
その子のことを時々思い出す。

そのときはまだ日本とハワイの2ヶ所を拠点に行ったり来たりしていて、日本滞在中はモデルやタレントの仕事をする、という生活を送っていた。

そんな中「二人目」の妊娠をして、娘にきょうだいができる喜びを噛み締めながら過ごしていたけど、ある日突然お腹の中でわたしの赤ちゃんの心臓は止まってしまい、初期の稽留《けいりゅう》流産だと宣告された。

すごく悲しかった。自分の何がいけなかったのか、妊娠前のことや妊娠してからのことをあれこれ思い出しては自分を責めた。

どうしても、理由が欲しかった。

でも初期の流産は赤ちゃん側の理由がほとんどだと言われていて、本当の理由はわからない。

わかっているのは、わたしのまだ見ぬ愛しい我が子は、わたしのお腹の中で小さな小さな体のまま、もう成長することはなく、いずれわたしのお腹の外へ出さなくてはならないということだけ……。


ありがたいことに日本滞在中はほぼ毎日が仕事で埋まっていた。わたしのお腹の中で愛する我が子が亡くなっていても、撮影やイベント、取材の現場にわたしは赤ちゃんと一緒に出かけた。

初めての媒体さんとの緊張の中でのファッション撮影。

あの日のことを、今でもよく覚えてる。

現場に着くといつものようにずらりと衣装が並べられ、第一線で活躍するおしゃれな編集さん、スタイリストさん、カメラマンさんがみんな真剣な顔で衣装を決めている。

おはようございます。と現場入りして、それぞれ自己紹介をしてくれたり今日の撮影のテーマやカット数、衣装の説明をしてくれたりしているのに、わたしは頭の中で繰り返し「わたしのお腹の中で、わたしの赤ちゃんが死んじゃっているんです」と唱えることしかできず、頭に何も入ってこない。

それでもこれは仕事なんだから、意識をここに集中させなくてはいけないとなんとか自分に言い聞かせ、今日着る衣装に意識を向ける。

7カットあるうちのひとつのカットのトップスが胸の下までしかない。これではお腹ががっつり写ってしまう。

はじめましての方々に突然、わたし今、お腹の中で赤ちゃんが死んじゃってるんですなんて、言えない。

わたしのお腹はすでにぽっこりと出ていて、妊娠とまではわからないかもしれないけど、どちらにしてもこの衣装を着こなせる状態ではない。

「こんなに露出のある衣装を着ることを事前に聞いていなかったから、

この衣装だけ、別のものに変えてもらってもいいですか」

そうは言ってみたけれど、どうしてもこれは着てもらわないと困るとのことで、わたしはそれ以上何も言えずその衣装を着るしかなくなってしまった。


お腹の中で愛する我が子が死んでいる。

そのお腹を写されこの世に残さなければならない……。

なんとも言えない気持ちだった。

マネージャーに、事務所的にその衣装は着させられないと言ってくれと頼んでみたけど、媒体さんとの関係値的にあなたがこれを着るしかないと言われてしまった。

わたしはプロのモデルで、これはわたしが受けさせてもらった仕事で、勝手に妊娠して、勝手に流産したのはわたし。

芸能界はいつもそういう場所だったし、その中で仕事をさせてもらってきた。

1カット目、2カット目と撮影は進み、もうすぐあの衣装の順番が来る。

わたしは撮影しながら「最近食べ過ぎちゃって、お腹がぽっこり出ちゃってるんです」とみんなに言おうか……。それとも、「便秘で」とおちゃらける？　どうしたらベストなんだろうとあれこれ考えているうちに、その衣装を着る順番が来てしまった。

わたしは結局、何も言うことができなかった。

泣かずにいることが精一杯だった。

何か言葉を発したら泣き出してしまいそうで、どんよりとした雰囲気の中淡々と撮影が進んだ。

わたしの赤ちゃんが死んでしまっているこのお腹を、誰にも見られたくなかった。そこに立ち会ったスタッフは、わたしのぽっこりしたお腹をどう思って見ていたのだろう。

もちろん誰一人としてわたしの赤ちゃんがここにいるだなんて思った人はいないだろうけど。

病院の先生からは赤ちゃんが死んでしまったことを受け入れる間も与えられず、搔爬《そうは》手術の日程についてのやり取りが行われた。

稽留流産はいつ赤ちゃんが排出されるかわからないから、とにかく一刻も早く手術をした方がいいとのことだった。イベントの仕事も入っているし、何かの本番中に排出が始まってしまったらみんなの前で突然大量出血してしまうし、お腹が痛くて普通になんてしていられないだろうと言われた。

その先生の病院で手術をしてもらうには、半年以内の肺のレントゲンが必要だと言われたけど、それがマストではない病院もあるのならわたしはできればレントゲンを撮りたくないと言った。

先生は困った顔をして、うちの病院で手術をするならそれはマストなんだけど、どうしても嫌ならこの手術に肺のレントゲンが必要じゃない友達の病院の手術室を借りて、そこでしてあげるよと言うので、ではそのやり方でお願いしますとわたしは言った。

この手術のリスクとして、感染症が起こったり、時々子宮の壁を傷つけてしまったり、それによってもう妊娠できなくなってしまったりすることがあるけど、そんなことはほとんどの場合起こらないと言われた。

次の妊娠は、術後生理が再開して2回経ったら、そのあとからしてもいい、とも言われた。

わたしは本当にこれでいいのかと思いながらも、人前で突然大量出血してしまったときの迷惑を考えて、マネージャーにスケジュールを出してもらい、手術の日程が決まった。

手術の日まで、少し時間があった。わたしは毎日お腹の死んでしまった赤ちゃんの存在を感じながら、この子を人工的に掻き出すことについて考えた。稽留流産。出血や腹痛などの症状はないが、お腹の中で胎児の発育が止まってしまっている状態。

数日で排出が起こったり、人によっては排出されるまでに数週間かかったりすることもあるらしく、それはいつ起こることなのか誰にも予想することはできない。

毎日仕事が詰まっていたから、どちらにしても数日間は手術することはできない。わたしはお腹の中に心臓の止まったわたしの赤ちゃんを連れて、地方のイベントやロケにも出かけた。

イベントのときはいつもの仲良しなスタイリストに衣装をお願いできるから、ゆったりしたボリューミーなワンピースが着たい気分、とリクエストをして、本番前にこっそり、誰にも気づかれないように買っておいた大人用のおむつをトイレではいた。

先生の言うように、もし突然みんなの前で出血が始まってしまったら、大事《おおごと》になってしまう。イベントでは、司会の方に「今日の衣装も素敵ですね。ポイントはなんですか？」と聞かれ、ポイントはおむつをはいていることが誰にもバレないためのスカートのボリュームですなんて言えるはずもなく、最近こういうボリューミーなワンピースにガーリーな小物を合わせて着るのがマイブームなんです、と答えた。

イベントは無事終わり、帰りの新幹線の中でわたしは確信した。手術をしなくても、わたしは大丈夫だ、と。一人目の出産を経験したり、娘の育児を通して人間の本来持つ力や自分の在り方について深く考えたりするようになっていたから、手術しなきゃならないと告げられたときから気が進まず、それは自分らしくないとどうしても違和感を覚えていた。

でも、責任のある立場なんだから、多大なる迷惑がかかってしまうんだからと言われ、そりゃそうだ、と、自分の本能に反して責任を果たそうと決めた手術。本心は気が乗っていないからやらない理由を探して、必要のない病院もあるのならここのルールに従ってレントゲンなんて撮りたくないとわがままを言って抵抗してみたものの、別の病院の手術室を借りてあげると特別待遇を受けてしまい、もう絶対逃げられないところまで来てしまっていた手術。

そこまでしてもらったのにトンズラするなんて大顰蹙《だいひんしゅく》だろうけど、どうしてもそれを受け入れることができないから、勇気を持って、ヤメマス……！！

だってさ、手術までに数日間あって、その数日間のわたしの仕事はその日ごとにもう確定していて、その都合と病院の手術室の空きの都合とで設定された手術の日の前に排出が始まってしまって仕事に行かれなくなったり、誰かの前で突然大出血してしまったりしたとして、それを無責任だと責める人なんているの？

その可能性を抱えながらすでに仕事をしているんだから、結果論として手術するまでにそんなことが起こらなかったとしても、気が乗らない手術を受けるということが仕事への責任を取ることだと思えない。

わたしは友達の手術室を借りるという特別対応をしてくれた先生に連絡をした。

先生、せっかくそんなふうにしてくれたのに、先生からお友達の病院に謝らなきゃいけない状況にさせてしまうことがとっても申し訳ないって思っています。でもわたし、やっぱり手術、しない。

先生はびっくりして、自然排出は陣痛のような痛みで、大出血するんだぞとすごく心配してくれたけど、わたしの気持ちはもう少しも揺らがなかった。手術の予定を立てた日から今日まで、稽留流産についてわたしは調べていた。

妊娠したのはわたしの体で、精子と卵子が出会って受精卵が着床して、赤ちゃんが育っていけるように、体が自然と準備を整えてくれていた。それであれば、赤ちゃんの心臓が止まってしまっている今、今度は赤ちゃんやそのほかの内容物が排出されるように準備を進めてくれているんだろう。何も余計な心配をしなくても、わたしの体はわたしに必要なことをしてくれるはずだ。

もし、何週間経ってもお腹の中で赤ちゃんが死んでしまったまま排出されなかった場合、そのときはドクターの力を借りて排出させてもらえばいい。

わたしは自分の体との繋がり、そして一瞬でも存在してくれた我が子との深い絆を感じていた。

わたしの体はきっと、わたしが一番困るタイミングで排出を始めたりしないのではないだろうか。

陣痛のようなものがきて排出されるということが、交感神経がバリバリと優位な仕事中に起こるとは思えない。

でも、自律神経は自分の意識で操《あやつ》ることはできないのだから、そう思ったところでもしかしたら絶体絶命のタイミングでそのときはやってくるかもしれない。わたしたちは人間というイキモノなんだから、そんなことだってあるさ。

そうなったら周りの人に助けてもらいながら、そのときの自分がなんとかするだろう。心の準備をしながらわたしは日々の仕事と家族との暮らしを続けた。

できれば排出のときは、彼が仕事に行っていて、娘もプリスクールに行っているときがいい。陣痛のようなもので赤ちゃんが排出されてくることがどんな感じなのか想像することができなかったし、その悲しい瞬間に立ち会ってもらうのは気が重く、一人で何も気にせず集中したいと思った。立て込んでいた仕事をこなし、夕方に1本ミーティングが入っているだけ、という日があった。

朝起きると、下腹部が痛む。もしかして、今日かもしれない。

そう予想したわたしはマネージャーに連絡をして、夕方のミーティングを別の日にリスケして欲しいとお願いした。

ミーティングの相手はよく知っている出版社の人で、体調が悪いと話せば快く別日にしようと言ってくれるだろうと予想ができた。

少しお腹が痛いながらもいつも通り3人で朝食を済ませ、彼が娘をプリスクールに連れて行き、仕事帰りに娘を迎えに行って一緒に帰ってくることになった。

今日がベストの日だ。

家で一人になったわたしはリビングのソファに寝転がり、お腹に手を当てて赤ちゃんと話をした。

一人だったから、心置きなくボロボロ泣きながら、気が済むまで話しかけた。

泣き疲れていつの間にか眠ってしまっていたわたしは、お腹の痛みで目を覚ました。

お腹の痛みは激しくて、さっきまで話しかけていた赤ちゃんとのお別れがついに来てしまったんだとまた泣いた。

でも、もう大丈夫だよ。今日という日を選んでくれて、ありがとう。最後にたくさんお話ができて嬉しかったよ。

きっといつか、また会えるね。

そのときを、待っているからね。

体からどろっと血が流れ出すのを感じて、床に這《は》いつくばりながらお風呂場へと向かった。

とめどなく流れ出す血と、波のように繰り返すお腹の痛み。ここに本当に存在していた我が子を感じることができる、温かい苦しみ。

大丈夫だよ。全部、受け入れられるからね。


わたしは自分の体が自分に起こしていることにただ従った。

激しいお腹の痛みを感じながら、体から流れ出ていくものを、なんの抵抗もせずただ流し続けた。

どれくらい経った頃だろう。真っ赤な液体が流れ続けたあとに、大きな塊《かたまり》がふたつポコン、ポコンと出てきて、出血が段々と少なくなり、お腹の痛みが治まった。

終わったんだ。


わたしはしばらくそこでボーッとしてからむくっと起き上がり、体を拭いてソファに戻り横になった。

さっきと何も変わらないこのソファの上にいるわたし。

でも、さっきとは全然違う。

空っぽになった自分のお腹に手を当てた。

わたしのお腹の中にいた赤ちゃんは、もういない。

わたしのお腹に存在していた我が子と過ごした時間。

二人きりで最後の瞬間を迎えることができたこと。

この時間を持てたことで、お互いこの悲しい事実を受け入れることができたように感じた。

会うことはできなかったけど、絆と、深い繋がりを感じながらわたしたちはお別れをした。


時計を見ると、夕方になっていた。

もうすぐ彼が娘を連れて帰ってくる。


それまでの間、空っぽになったお腹に手を当てながら、いつも通り笑顔で二人を迎える準備をした。

心配より信頼

ひとつずつ少しずつ選んできた大切な
ボクらしさ　キミらしさ　わたしらしさ　自分らしさ
最初から最後まで自分の決めた道だけ
ボクたちは歩いてく　誰にも邪魔はさせない
心配するくらいなら　少しでも信じて
決まり事やルールを吹き込まないで
男の子らしくなんて誰が決めたの　それはボクとは違う
わたしはわたしらしく誰の言葉も関係はないのに
辞書引いて教わったことなんて興味はなくて
約束を守るのは奇跡に近いくらいだ
矛盾しても嘘はついてこなかったよ

それだけが唯一守ってるルール

突然だけどこれは、わたしがハタチのときに友達とユニットを組んでインディーズで出した『Boy don't be girl』という曲の歌詞。友達が作曲をして、わたしが作詞をした。

わたしは今でも時々この歌を口ずさむことがある。歌詞の表現は稚《ち》拙《せつ》な感じがするけれど、この思いが今でもすごくしっくりくる。


わたしはすごく心配性。でも心配って、すごく、キライ。心配や不安という感情って、何よりも人を弱くすると思う。久しぶりに東京に帰ってみんなで食事をしていたときのこと。

楽しい会話やポジティブな話題のときはそれだけで気持ちがワクワクして、ご飯も美味しく食べられる。でも心配や不安を呼び覚ますような会話になると食事するのも辛くなってきて、体からは血の気が引き、まだ前菜しか食べていないのに胃が持ち上がったような感覚がしてもうお腹いっぱい。免疫力がどんどん下がっていくのを感じた。

3人目の産後、体調を崩しまくってホリスティックのドクターと自然療法に励んでいた。ドクターに、体が弱っているときはどうしてもネガティブな思考になりがちなんだけど、ネガティブな思考はさらに体にダメージを与えてしまうから意識してポジティブなことを考えるようにして、その悪循環から自分で抜け出すようにとアドバイスしてもらった。体調が良くなってくるとそれに伴って勝手に思考がポジティブになっていくらしい。そのときはほんとかなあなんて想像ができなかったけど、数ヶ月かけて体調が良くなってきた頃、無意識的にポジティブなことばかり浮かんでくるから心と体は本当にひとつであるし、心が体を支え、体は心を支えている関係性なんだということを身をもって感じた。

子どもたちに対して生まれたときから気をつけているのは、自分の心配を押し付けないということ。

心配されると不安になるけど、信頼されると強くなれる。

だからわたしは子どもたちにできる限り信頼していることを伝えている。体調が悪いとき、「大丈夫？　心配だよ」と言われるより、「今は辛いかもしれないけど、あなたならすぐに元気になることがわかっているよ」と言われた方が、そうだよね！　と安心する。わたしはね。

あと7年で臨界点を迎えると言われている地球環境も、どうしよう！　もう終わりだ!!　怖いよう。助けて！！！　と言うことだってできるけど、絶対なんとかなるよね！　そのためにみんなで力を合わせよう！　と言ってくれた方が前向きなエネルギーが湧いてくる。

心配はする人の自己満足だと思っているから、心配じゃなくて信頼を世界にばら撒いていたいなあ。

水中出産

3人目の出産当日。まだかまだかと待っていた陣痛が、早朝に始まった。

お腹がきゅうっとする。何分間隔なんだろう。調べてみると、コンスタントに波が来る。これは絶対に陣痛だ。上の子たちは夏休みに入っていて、娘は友達の家にスリープオーバーに行っていた。でも、「もし赤ちゃんが生まれてくるときはわたしも一緒にいたいから、絶対に教えてね」と言われていたので娘が泊まっている友達のママに連絡をすると、早朝なのにもかかわらずすぐに娘を家まで送り届けてくれた。

娘は泊まる予定じゃなくなんの準備もないまま遊びに行っていたので、お友達に借りたTシャツを着て興奮しながら帰ってきた。

「ママ、今日ベイビーほんとに生まれるの？」

「うん、生まれる。絶対に、生まれるよ」

「わああ！　楽しみだな」

陣痛が来たと夫が連絡していたミッドワイフたちも、すぐにわたしの家に到着した。

「今日はベストデーね！」

と言いながら、赤ちゃんを包むタオルやバーシングプールの確認など、出産の準備をしていた。


わたしは公に出すか出さないかは決めていなかったけど、出産ドキュメンタリーを自撮りしていた。

もちろん、全く緊張してないわけではない。そういえば痛いんだよなとか、何事も起きないといいな、などは頭をよぎるけど、でも我が子に会える楽しみの方が何十倍も大きかった。

二人目出産時の陣痛中は、産後に食べるための家族のご飯を作っていたから、今回もそうするつもりだった。

でも、3人目はさすが陣痛の進みが早くてそんなことをしている余裕がない。

出産の準備を整え終えたミッドワイフたちに、スムーズに陣痛が強まるようにお散歩へ出かけましょうと言われ、すでに5分おきに陣痛が来ているのに、散歩に出かけた。ミッドワイフは軽い登り坂を見つけては、あなたにぴったりの道よ。と嬉しそうに坂道を登らせる。近所をたわいもない世間話をしながら、陣痛の波が来ると立ち止まるわたしの背中をミッドワイフが押して、今こそ歩くのよ！　と笑いながらどんどん歩かせる。家に帰る頃には波がとても大きくなり、出産はもうすぐだということが感じられた。

散歩で汗をかいたからシャワーを浴びるとさらに陣痛は強まり、普通に立っていられなくなった。

わたしの様子を見てミッドワイフが腰を押してくれる。一人目の陣痛はお腹を大きなナイフで横向きに切られているような感じですごく痛かったのをよく覚えているんだけど、3人目の陣痛はとにかくお腹がぎゅううっと石のようになって、立ってはいられないけどそんなに痛くはなかった。

陣痛の波をただただ受け止めているわたしに、彼がおにぎりを握ってきてくれた。そのおにぎりは三つあって、娘と息子とわたしで一つずつ美味しく食べた。

よし、おにぎりも食べたし、そろそろ産むぞ!!　と決意したわたしは、プールに入った。重たいお腹が軽くなって、温かくて気持ちがよかった。

ミッドワイフがずっと、わたしの耳元でポジティブな言葉を囁《ささや》いていてくれる。それを聞いているのが心地よかった。

陣痛が始まってから数時間で、あっという間に誕生してきた3番目。かわいいかわいいかわいいかわいい。かわいい以外、思いつかない。

とにかく3回目の出産はスムーズで、スーパー安産だった。心も体もたくさん準備してきて、よかった。

今、3番目の子は1歳7ヶ月になるところ。

今日まで、かわいいという感情しかない。

年齢的なものや3人目の余裕ももちろんあるのだろうけど、この心の余裕はそれだけではない気がする。

今でもわたしは一番下の子に対してふと、わたしがわたしの力で産んだんだ。という気持ちが湧き上がり、満足感に満たされることがある。他の子に対してその部分での満足感がないからって、愛情やかわいさは何も変わらない。でも、そんな満足感を何度も何度もふと覚える日々はなんとも素敵なギフトに感じられて、そんなものを手に入れることができたのはすごくラッキーだったと思ってる。言葉では言い表すことのできない、他では感じたことのない、心が満たされていくこの感覚。

もしかしたら出産の仕方は、その後の自分に大きな影響があるのかもしれない。

3人育児

正直、2人も3人もたいして変わらないだろうと思っていたわたし。結論から言います!!　3人、やっべーーーーー。

長女が小さいとき、長女と同い年の子どもがいるお友達が周りにたくさんいたんだけど、その人たちからいつも、ひなのの娘は画面も見せてないのにどうして大人との食事のとき、きちんと座っていられるのか？　と聞かれていた。

そのことを夫と、育て方がいいのかしらなんて自分たちのお手柄に思っちゃったりしてたけど、でも二人目が生まれてきたら全然そんなんじゃなかったということがわかった。2番目は一番上よりハイパーだったけど、でも話に聞いてた「二人育児はやばい」みたいな感じじゃなかった。

一番上と2番目は6歳近く離れていたのと、一番上が親の育て方にかかわらずたまたまそういう子だったから、あまり大変さを感じなかったんだということが今となってはよくわかる。

3人目。お腹の中ではあんなにおっとりしていて、生まれてからも3週間は全然泣かなかった、スーパーカームベイビーだったはずの3番目。

この子、やばい。笑。

レストランでハイチェアにちゃんと座ってることなんて一度もないし、2番目の男の子よりも凶暴。自分の思い通りにならないことがあると所構わずキレまくる、スーパーボッシーガール。

しかも2番目と3歳差だからか、それはそれはもう日々争い事が絶えない。

きょうだい同士って、どうしてあんなに遠慮がないの？　見ててヒヤヒヤする。

子どもたちが一日中家にいるときはだいたいわたし、白目剝《む》いてる。トイレすらスムーズに行けない。トイレのドアを閉めると一番下の子がドアをどんどん叩いて開けろとブチ切れる。そのうち背伸びしてドアノブに届いちゃって、ガンッとドアを押しのけ中に入ってくる。ああ、なんでまた鍵を閉めるの忘れちゃったんだろう。わたしのバカバカ。

我が物顔でトイレに入ってきた3番目は便器に座るわたしの元までずんずん歩き、トイレットペーパーをちぎり始める。それを便器に捨てる。もったいないからやめようなんて言おうものならさらにガラガラとトイレットペーパーを引き出し、黙れ。とでも言うような眼差しで睨んでくる。そこへ息子が入ってくる。「ママ〜、これ見て、これね、えっとね、うんとね、だからどうでね」と、今自分が描いた絵の説明を永遠にしてくれる。

「そうなんだあ、上手だね、ちょっともうここから出てあっちでまた教えてくれる？」

「えー、今説明したい」

「でもさ、ほら、ここトイレだからさ、とにかく一回あっちに行こう。あっ！！！！　またこんなにトイレットペーパー出しちゃったの？　もったいないからくるくるし直そうね。え？　くるくるし直しちゃだめ？　でももったいないよ、これは遊ぶものじゃないからね、あっちで遊ぼう」

「それでね、これがポリスカーでね、ここにライトが付いててね」

「うんうんそうなんだね、ちょっとベビ子とあっちのお部屋に行っててくれる？　ママ、トイレットペーパー直したらすぐ行くからさ」

「この最後のとこだけ教えてあげる。これね、ポリスカーなのに飛べるんだよ」

「エーソウナンダスゴイネカッコイイ、じゃあベビ子とあっちに行っててくれる？」

「いいよ。ベビ子おいで、おいでって言ってるのに来てくれないよ。

ママがいいんだって」

「ママがいいの？　そっか、ちょっと待っててね、じゃあすぐ行くからお兄ちゃん先に出て、ベビ子を呼んでみてくれる？」

「いいよ。おーい、早く来てー。全然来ないよ。ベビ子ーーーーーーー！！！！　来ーーーーてーーーーーー。聞いてる？　ママーーーー、ベビ子呼んでるのに聞いてくれない。ベーービーーこーーーーーはーやーくーキーテーーーーはやくーーーーーキィーーーテーーーーーーーーーー」

「ごめんね、今トイレットペーパー戻したら怒って泣いちゃったから、ママが抱っこして連れて行くからもう叫んでくれなくて大丈夫」


一体わたしは一回のトイレにどれだけ時間がかかっているんだろう。トイレに限らず何をするにもそんな感じで、わたしの一日はいつもスタック、スタック、スタック。

今朝は全然起きてこない息子を一番上の子に起こしに行ってもらったら、自分で起きて下に行きたかったと号泣。昨日の朝は珍しく自発的に起きてきたから朝の支度がスムーズで、それに感動して褒めすぎてしまったのがアダとなった。でも今日は起こされなきゃ永遠に寝てましたよね？　とにかく遅刻しちゃうから早く支度してくださあああい。毎朝真面目に作ってるお弁当。バックパックを振り回すとお弁当がぐちゃぐちゃになっちゃうよと100万回言ってるけど今朝もバックパックをグルングルン。

ベビ子を起こさないでね、ごめんね、静かにしててねと言ってる30秒後にはそんなこと忘れて、わたしには見えない謎の敵とガシャンガシャン戦い始める。

お化粧するにもメイク道具に興味津々の起きてきた3番目が乱入。ドレッサーの椅子によっこいしょと登ってきて大事なメイク道具を遠慮なくグチャグチャにされる。もういいや、やらせておこうと自分のメイクに集中してふと隣を見ると、おてもやんがいる。

あーあ、これ落とすの大変だよ。ギャーギャー怒られながら3番目のメイクを落とす。

出かける前におしっこしてね、外でトイレに行くの大変だからねと何度言っても、おしっこ今出ない!! ほんとに出ないーーー!!!と言われて出かけた3分後、ママ! おしっこ漏れちゃう!!!!!

ママは荷物がたくさんあって、これ以上何も持てないから最後まで自分で持てるものしか持ってかないでください! 自分で持てるよ。ぜったい、ぜったい持てる。これとこれと、あとこれ。おうちに帰ってくるまで、ぜーーーーったい自分で持てる。だから持っていく。

そんなに持つの大変だよ。どれか一つにしたら? 平気なの。ぜったい持てるの。これもこれも必要なの。よし! 準備オッケー。行こうママ。と出かけた5分後、ママこれ持って〜〜〜。

学校から帰ってきてお腹が空いているときは長女ですらわたしに不機嫌を撒き散らす。はい! 今すぐ何か作ります。わたしは彼らのコックでドライバーでクリーナーで苦情係でヘルパーでもあるけど、どんなにその仕事をしたって報酬はもらえないどころか、彼らを健やかに生活させるべく、彼らには関係のないところで働いて彼らの生活費を稼がなければならないのである。夫も同じく。

だから頑張って働いているけど、仕事中だって所構わず、ママー！ママー!!　ママー！！！

わたしの全ての行動は、遮《さえぎ》られる。

たまに子どもたちで遊んでくれているなと思っても、そのうち喧嘩が始まる。

もう、喧嘩になるならあなたたち近づかないでくださーーーーーい！！！！！

なんとかご飯の時間、テーブルに作ったものを並べても、そっちの方が大きくてずるいとかこのお箸《はし》じゃ嫌だとか、なみなみ入った味噌汁こぼしちゃったとか。

育児は世界一過酷な仕事とは聞いてはいたけど、子どもが3人になるまで、わたしはその実態を知らなかった。


わたしの日々はカオス。その一言に尽きる。


正直、早く下の子二人が大きくならないかななんて考えがよぎる日もある。

でもこの時間は二度と戻らないリミテッドなものであることをわたしは知っている。

こんなに愛おしい日々をそんなふうに思いたくなくてその考えは自分の中ですぐに却下するけど、でも、あまりにもカオスなんだもん。

そんな考えがよぎったって当然さ。


わたしは夫と手わけして子どもたちの世話をしているから、あとは彼に任せて子どもたちが寝る前に自分だけ寝室に籠ることがある。
それでも子どもたちがママーと言い出したら一緒にいなくちゃと思っていたんだけど、昨日はね、一度ドアは開けたけど、もうパパが子ども部屋にきてくれるからね。ゆっくり寝てね。おやすみ。大好きだよ♡　とバッサリバイバイすることができた。今までだったら、もっとママが必要なのかもしれないのに、こんなふうにしていいのかななんて罪悪感を覚えていたけど、それがなんと昨日のわたしは罪悪感どころか「今日も朝から一日やりきったー!!　偉いぞわたし!!」と思うことができたの。なんでだろう。自分のことをそんなふうに思えて、すごく嬉しかった。

次の朝は子どもたちの支度を全てわたしがして、学校に送りに行った。車内でまず勃発《ぼっぱつ》するのは、一番上の子と2番目がかけたい曲が違うことで起こる争い。ヒップホップは聴きたくないとかハワイアンをかけるなとか、ママはなんでもいいからジャンケンして勝った人から順番に聴きたい曲をかけてくださーーーーーい！　で、やっと、最初の曲が決まる。そのとき子どもたちがかけた曲が、去年の夏に家族みんなでよく聴いていた曲で、このメンバーで過ごしているカオスながらも温かい日々が思い出されてなんだかジーンとした。子どもたちと大合唱しながら見慣れた景色を走っていく。

子どもたちは大きくなって、この日々はいつか終わってしまう。

どんなに大変でも、わたしは今日もこの愛しい日々を、心に焼き付ける。

かけがえのない3回の経験

一人目、二人目、三人目の妊娠出産について、心の変化や実際どうだったかをまとめてみようと思います。

一人目妊娠出産

・わたしの様子

喜びと不安が入り混じっていた。夜出かけるのをやめなかったり寄り添ってくれない夫に対して大きなストレスを感じていた。ずっと一緒に暮らしてきた愛犬パヒカより愛せる存在なんているのだろうかと常に考えていた。変わっていく自分の体やメンタルを誰にも知られたくなかった。

・妊娠中の状況

お腹はいつもカチカチに張っていた。切迫流産のおそれを宣告され張り止めを出されたり入院させられたりした。数日経って、荷物まとめて逃げ出すように無理やり退院（良い子は真似しないでください！）。逆子《さかご》だったけど、妊娠34～35週の頃に回ってくれた。

・つわり

あまりひどくなかったんだけど、というかあんまり感じてなかったんだけど、夫に労《いたわ》らせたくて出かけないで欲しくていつもつわりが辛い迫真の演技をしていた。爆。

・夫

妊娠自体はすごく喜んだものの自分のライフスタイルは一向に変えようとせず朝まで飲みに行くし、わたしの気持ちに全く寄り添ってくれないし、父親になる実感も何も起こっていなかった。わたしだけ全ての生活が変わり、一人ぼっちで不安な夜を過ごし、孤独を感じた。何度も大喧嘩になったけど、彼は本気で「妊娠してるのはキミなんだから、オレまで飲みに行くのをやめたり生活を変える理由はどこにあるの？　もしオレが妊娠したならオレは相手の行動まで制限せず、行ってらっしゃいと言うよ。なんでオレにまで制限をかけようとするの？」と言っていた。制限じゃねーんだよ、オメーの子ども妊娠して不安で孤独なわたしに寄り添おうみたいな気持ちはねーのかよ。あー！　思い出したら腹立ちすぎた！！！

・病院

ハワイに行くまでは日本の通常の妊婦健診を受けていた。あの椅子とか内診とか色々ストレスすぎてわたしはナースにこんなに定期的に調べることが本当に必要なんですか？　と聞いたけど、決まりだからと言われた。

・出産方法

ハワイの病院で無痛分娩をした。分娩台の上で、もう二度とこれはやらないと自分に誓う。大きなお腹で仰向けで息むのはとても苦しかったし、体勢を変えたくても動くことはできず、分娩台は出産にはとても非効率で不自然な在り方だと感じた（これは個人的な感想だけど、のちに詳しく調べたら、確かに分娩台での出産は産婦さんと生まれてくる赤ちゃんにとって不都合だらけらしい。でも赤ちゃんを取り上げるドクターには都合がいいのだそうです）。出産なんてプライベートでプライバシーを守りたい状況のとき、普段よりさらに神経質になってる陣痛中なのに初めての部屋、知らない人（ナースとか）の出入りと、病院での出産はわたしには居心地のいいものではなかった。

そしてとにかく病院内が寒かった！　寒いのに病院側が貸してくれるペラペラの出産着（そんな言葉ないか？）を着なくちゃいけなくて、室温も変えてもらえず、ペラペラの毛布をもう１枚貸してくれたところで冷え切った体は温まらず、寒いまま出産した。

それと、夫はわたしの頭側にいるとはいえ分娩台の上でお股をライトで煌々《こうこう》と照らされ病院側のスタッフは自由に観覧できるのも、わたしはすっごく嫌だった。健診の椅子もそうだけど、わたしにはプライバシーを配慮してもらえる権利はないのか。ちなみに妊娠中の健診でドクターに内診されるとき、日本の病院のあの椅子よりハワイの病院の台の上で行うやり方の方が、まだ配慮を感じた。

・出産直後

生まれてきた我が子を一瞬は見せてくれたけど、すぐに見えない位置に連れて行かれてルーティンの処置がなされていた。その様子を夫が撮影していたけど、やっと産んだのにすぐにナースにさらわれてわたしの赤ちゃんじゃないような気持ちになった。

いや、病院出産を選んだのはわたしなんだから、ドクターもナースもここでの決まりをきちんとやってくれているだけなんだけどさ、だけど出産直後こっちだって昂《たかぶ》る気持ちを抑えられない。まずはわたしが誰かに預けてもいいと気が済むまでわたしの胸で抱かせてよ！　ずっと妊娠してきたのはわたしで、わたしのお腹にいたのは今そこにいるやっと会えた我が子で、なのにわたしたちは感動の出会いすらままならないうちに引き離され、わたしの赤ちゃんはわたしではなくそこにいる誰かに権利があるみたいに扱われている。

寂しかったし出鼻をくじかれたような気分になった。でも当たり前だよね。次に産む人に早くこの分娩台を譲らなきゃいけないんだから、そんな何分、何十分かかるかわからない感動の出会いを母子にさせてあげる時間なんて、あるはずもないのだ。生まれてすぐのルーティンの処置を近くで見たり撮影したりしている夫が赤ちゃんのことを実況中継してくれた。

今体重を測ってるよ、今むにゅむにゅ動いてるよと、まだ分娩台の上で最後の処置をされていて動けないわたしにわたしが産んだ赤ちゃんのことを知ったかぶりして教えてくるけど、あんたなんてなんの体の変化もなく、痛みもなく、重いお腹をふうふう言いながら過ごしたこともなく、逆子に悩んだこともなく、自尊心捨てなきゃ座れないような椅子に座ったこともなく、足がつって辛かったこともなく、なーんにも変わらず飲みに行ってたくせに、生まれた直後高揚して赤ちゃんの体重は何キロだとかわたしより先に知ってわたしに偉そうに教えてきやがって、いいとこだけ持ってってくんじゃねーーーーよ！！！！！

！！！！！！　今わたしが産んだ赤ちゃんのことを誰もわたしに実況中継してくんじゃねーーーーーーーーーー！！！！！！！！！！　まずはわたしにもっとじっくり触らせろ！！！！！！！！！！

・産後のメンタル

そんなわけで産後のメンタルはズタボロ。やっと分娩台から降りて赤ちゃんとずっと一緒にいられる部屋に移動してべったり一緒に過ごしたけど、そこでも次なる試練が待ち構えていた。赤ちゃんが、それはそれはよく泣く。アメリカの病院は産後24時間で退院させられることがスタンダードなんだけど、その短い入院期間中何度もナースコールして、「赤ちゃんがなぜこんなに泣くの？」と何度も何度も聞いた。ナースは「みんなそう聞いてくるのよ。赤ちゃんは泣くものなの。大丈夫、すぐに大きくなるわ」と言って部屋を出て行った。

部屋で赤ちゃんと二人きり、今生まれてきたばかりのふにゃふにゃな生き物が力一杯泣いている。何を言っても泣き止まないし、泣いている理由もわからない。わたしは赤ちゃんの泣き声に精神的に追い詰められて、頭がおかしくなりそうになった。泣き続ける我が子を抱きしめ続けることができず、コットに置いてうずくまり耳を塞《ふさ》いだ。

二人目妊娠出産

・わたしの様子

妊娠した瞬間すぐに気づいた。嬉しくて嬉しくて、でも数年前の流産を経ての妊娠は一人目のときの不安とはまた別の不安を抱かせた。分娩台での出産はもう二度とやらないぞと決めたけれど、ハワイには助産院もなく、究極のホームバースをすることに少なからず緊張があった。たくさん本を読み、少しずつ自分を整えていった。また、大きなお腹で街を闊歩《かっぽ》できるのが嬉しかった。

・妊娠中の状況

一人目とは全く違う凄《すさ》まじい胎動にいつもびっくりさせられていた。多分ヤツはお腹の中でボクシングをしていたと思う。あまりに激しい胎動に、夜中何度か飛び起きた。一人目のとき切迫流産のおそれがあると言われて薬も処方されていたし安静にするように言われていたけど、もういつ生まれても大丈夫な週数になってから運動しまくっても全然すぐになんて生まれてこなかったので、切迫流産気味でも実際の危険度は人それぞれ全く違うものなんだなと学んでいた。

一人目の経験を参考にしながら今回は神経質になりすぎず、お腹が張り気味のときはすぐに休んだり、お腹が硬くなっているときは体を温めたりと、ドクターに自分と赤ちゃんのことを管理されるのではなく自分で自分の体の管理をするようになった。

・つわり

息子の妊娠初期はちょうどアメリカのビザから永住権に切り替わる頃で、少しの間都内のサービスアパートメントにいたんだけど、そこのお部屋のなんていうか閉塞感がすごくて、つわりが辛かったなあ。いや多分、つわりだから閉塞感を覚えたんだと思うんだけど。食べ物が気持ち悪いというより、建物の中が気持ち悪いという感じ。

・夫

一人目よりは随分とマシな対応をしてくれていたけど、友達だか仕事の人だかのバースデーでガールズバーに行っていたYO☆

・病院

最初だけ西洋医学の病院にお世話になって、あとはミッドワイフのオフィス（クリニック）に通っていた。ミッドワイフのオフィスに通い始めたら、なんの緊張感もないし健診がいつも楽しみになった。そこにはあの椅子もないし、エコーの機械もない。内診も余程のことがない限りされない（わたしは一度もされていない）。尿検査も試験用のスティックを渡されて、自分でテストしてからミッドワイフに見せるという自己管理優先な関わり方をしてくれた。

・出産方法

自宅でバーシングプールを設置して水中出産をする予定だったけど、息子が思っていたより早く生まれてきたためバーシングプールは間に合わず、夫にわたしの思い通りになる分娩台になってもらって産んだ。彼の力強い支えは、出産中色々と向きを変えたいわたしにとって必要不可欠だった。あんなに遠慮なく力一杯摑んだりよっかかったりできる相手は彼以外いない。家族と、慣れ親しんだミッドワイフたちしかいないこともリラックスして挑める大きな理由だった（二人目出産については前作『わたしが幸せになるまで』に詳しく書いているので、ぜひ♡）。

・出産直後

生まれた瞬間の我が子を気が済むまで抱きしめることができた。誰もわたしから赤ちゃんをさらわないし、赤ちゃんに対する権利は全てわたしが持つことができた。

・産後のメンタル

わたしは心底満足した。わたしとわたしがずっとお腹に入れてきた我が子の甘い時間を奪うものは何一つないのだ。赤ちゃんが泣いても、かわいいね、大きな声が出せるんだねとそれすら愛しくてたまらなかった。

三人目妊娠出産

・わたしの様子

わーお！！！！　まさか3人のママになれるなんて。またあの大きなお腹になれるのか、と嬉しかった。YouTubeでマタニティダイアリーをアップしていたくらい、心に余裕があった。

・妊娠中の状況

何も問題が起こらなければ、最大限ナチュラルに過ごすと決めていた。エコーは初期に念のため一度しておきましょうとミッドワイフに言われて行ってきたその一回だけしかしていないし、性別も最後まで調べなかった（夫は性別が知りたくて知りたくて、何度もエコーで見てみようよと言っていたけど）。内診も一度もしていない。ミッドワイフは必要だと思うことをその人に合わせてカスタムしてくれるから、本当は自分には不必要なんだけどパッケージになっていて決まりだからやらなくちゃならないということが、何一つなかった。一度の血液検査と、健診のたびの尿検査はしていた。

・つわり

三人目のつわりが一番酷かったな。気持ちが悪くて食べられるものが限られた。鼻と子宮が繋がっているような不思議な感覚だった。世界が臭くて臭くて仕方がなかった。妊娠11週頃おさまった。

・夫

上の子二人の世話をせっせとしていた。コロナ禍だったし家から出ることもなく、ついに一度も飲みに出かけていない！！！

・病院

二人目のときは最初だけ病院の健診を受けたけど、3人目は最初から完全にミッドワイフの健診だけ。

・出産方法

今回は全てが準備万端。自宅にわたし専用の分娩室を作り、水中出産した。温かいプールの中に入ったら陣痛の痛みが和らいでとても楽になった。陣痛が佳境に入ると、彼がオレもプールに入って支えようか？　と言ってくれてそれも魅力的だなと思ったけど、生まれた瞬間を写真に残して欲しいから大丈夫とお断りした。実際彼が撮ってくれた出産直後の写真は宝物。水中で生まれた我が子を自分の手で胸に抱き上げることができた。

・出産直後

二人目と同じく、わたしがずっと赤ちゃんを抱いて、わたしが性別を一番最初に調べ、みんなに「どっちだ？」と質問した。十月十日《とつきとおか》わたしのお腹に入れてきた赤ちゃんなのだから、性別を誰より先に知る権利が、わたしにはあると思う。ミッドワイフもわたしが性別を目で見る気になるまで何も言わずただただそこに寄り添ってくれて、全てのタイミングはわたし次第だった。臍《へそ》の緒《お》と胎盤がつながったままの赤ちゃんを数十分抱いて、みんなで臍の緒が脈打つのが完全に止まるのを確認してから一番上の子が臍の緒を切った。赤ちゃんは全然泣かなかった。胎盤は二人目同様、蒸してカプセルにしてもらった。更年期のときに自分の胎盤を摂取するととても良い効果が得られるんですって！　ちなみに自分の胎盤をサプリメントのように加工することが許されているのは、アメリカだとハワイ州とカリフォルニア州だけだったと思う。

・産後のメンタル

三番目の子は産後3週間、ほとんど泣かなかった。お腹が空いてもふにゃふにゃ言い出すだけで、泣かないのだ。お腹が空いたとき以外はとにかく眠り続けている。こんなに泣かない赤ちゃんを見たことがないとミッドワイフに言うと、ママのメンタルが安定していてハッピーなのね。と言われた。そういえば三番目の子は、きょうだいの中で一番「嫌なこと」をされていない。わたしにとって嫌なことも、赤ちゃんにとって嫌なことも。例えばわたしの嫌なことは、わたしが妊娠中だというのに夫が朝まで飲んでるとか、あの椅子での健診や内診。赤ちゃんが嫌なんじゃないかと思うことは妊娠中何度もされるエコー検査や、生まれてきて肺呼吸もままならないときにまだ酸素を送ってくれている臍の緒を容赦なく切られてしまうこと、暗闇の温かいお腹の中にいたのに出てきた瞬間に煌々としたライトに照らされること、ママと引き離され体を洗われたり硬い台の上でルーティンの処置をされること。ママの心が疲弊していること。

三人目は、それが全くないのだもの、泣く理由がなかったんだね。やっと、一人目の子がどうしてあんなに泣いていたのかわかったような気がした。ああ、今すぐ一番上の子を抱きしめてこよう。この11年間毎日毎日抱きしめているけど、今日は一段と強く抱きしめよう。

無地の服

男の子のファッションは全然わからないから息子の服はほとんど夫に任せている。

息子はいつも大体全身オーガニックコットンの無地のTシャツに半ズボンというスタイルで、夫がいつも絶妙な色合わせで着せている上下の組み合わせがわたしにはないセンスだなぁって、そのスタイリングを気に入っている。

ある日、日本に行っていた夫が、ブランドのロゴが入った服を息子に買ってきた。今流行りのやつ、珍しいね。とわたしが言うと夫が、たまにはこういうの着せてみようかなと思ってさ。と答えた。

そして、なぜいつも息子に無地の服を選んでいるのかも、教えてくれた。

服って毎日着るものだからさ、たまにならこうやって遊んでみるのもいいかなと思ってこの服を買ってきたんだけど、やっぱり普段は無地を着せていたいんだよね。

このロゴの入った服はさ、今着てたら流行ってるし、見る人が見たら、おお、いいねって感じだと思うんだけど、それってなんかあいつらしさを消しちゃうというかさ。世界には流行ってる服もイケてると言われてるブランドもたくさんあるけど、それをオレのセンスで、今このブランドがイケてるでしょって選んで着せるのはオレのエゴというか。ロゴの入った服を着たあいつに出会った人は、あいつらしさそのものよりも、そのブランドを着ていたっていうイメージの方が強く残るんだろうし。キミは、何々を好む感じの子なんだねってさ。

別にそれが悪いわけじゃないけど、あいつらしさって世界に一つしかないのに、それよりオレが選んだブランドが先に立って見えちゃうのはどうなのかなと思って。そのブランドを着てる子はたくさんいるけど、あいつはあいつしかいないから、まずはなんの先入観もなく、接してみてくださいと思うんだよね。あいつの無限大の可能性を奪いたくなくて、なんの色にも染まって見えないようにいつも無地の服を着せてるんだ。

もう少し大きくなって、自分で服を選ぶようになったらどんな服を着てもいいと思ってるけどね。

と。いつも彼が選んでいる息子の服にそんなに深い意味があったなんて知らなかった。いい話だった。

息子よ、知っていると思うけど、パパはあなたを心の底から愛しているよ。

毛髪検査

3人目出産後半年間、生まれてきた赤ちゃんのかわいさに浮かれ、夜中も乳幼児の世話をしてまともに寝ていないのに、朝も上の子どもたちの支度でいつも通りに起きて、そこから昼寝もせず一日を過ごしていたら、さすがにガタがきてしまった。

体が弱くなっているときは心も弱くなってネガティブなことばかり考えてしまう。

お腹が痛い。本格的にどこか悪くて、死んじゃうんじゃないだろうかとか、わたしが死んだら、夫と二人でなんとかこなしているこの3人の面倒は、誰が見るのかとか。そんなこと考えても仕方がないとわかっているのに、体調不良と共にどうしてもそんなことが浮かんできてしまう。

とにかく何を後回しにしたとしても、ちゃんと寝たり、自分のことを優先しよう。

わたしの母親はわたしが小さい頃から体調が悪いときが多くて、寝込んでトイレも行けないときは枕元に洗面器を置いていた。そんな母を見ていつも不安だったし、悲しかった。

だからわたしは、子どもたちにとって元気なママでありたい。

10代、20代のときに疲弊《ひへい》させてしまった腎臓《じんぞう》。腎臓は一度ダメになるともう回復することは難しいと言われているけど、わたしが通っているホリスティックのドクターは、人工透析をする予定だったのをやめることができるくらい回復した人をたくさん見てきたと言っていて、時間はかかるけど、しっかり取り組めば必ずよくなっていくと爽やかな笑顔で話してくれた。

腎臓と肝臓は解毒《げどく》を担っているから、毒物ばかりが蔓延《まんえん》している今の時代ではフル稼働《かどう》だよね。

東洋医学では肝腎要《かんじんかなめ》とも言われているけど、この二つの臓器をいかに元気にピカピカにしておけるかが、寿命に大きく影響するらしい。

そんなわけでまた、腎臓をケアする日々。

目の下に黒いクマがあったり、下半身がむくみやすかったり、夜寝たあとにトイレに起きたりする人は腎臓が疲れている可能性があるからそのことに注意して観察するといい。


腎臓は下半身が冷えているとそれだけで仕事が増えて疲弊してしまうから、腎臓のために足は温かくしておくと余計な仕事が増えず腎臓本来の仕事に没頭できるんだって。

わたしはハワイでもレッグウォーマーや湯たんぽを使っています。暑くて暑くて投げ出してるときもあるけど。


まず大事なのは崩れてしまっている自律神経を整えること。

と言っても、自律神経って全然整わない！

目に見えないし、基準もよくわからないし、自律神経様をご機嫌にする方法は果てしなくて途方に暮れる。

でも、やるしかない。

鍼《はり》治療は自律神経を整わせるにはもってこいの治療なんだそうだ。体にインプットされてしまっている今のよくない状態を、いい状態にインプットし直してくれるんだって。

でも一度やったぐらいではすぐにまた元の状態に戻ってしまうから、いい状態の方が通常になるまで定期的に受けるのが効果的なんだそうです。

それでわたし、4ヶ月間週一で鍼治療してみた！　確かに、いろんなことがよくなった。


これはわたしの考えで、わたしが全責任を負ってチョイスしていることだから単なるわたしの話として聞いて欲しいのだけど、妊娠する前の30歳ぐらいまでは、事あるごとに西洋医学の病院に駆け込んでいたの。子どもの頃からそうされていたし、そこに疑問も感じずそういうものだと思い込んでいて、病院に行かなきゃ不調は治らないと漠然と思ってた。病院に行くことが自己管理、みたいな。

でも妊娠をきっかけに色んなことを考えるようになって、人間本来の持つ力だったり、本当の意味で体を治すのは薬ではなく自己治癒力で、最終的には体が自動的に治してくれる以外はないとわかり、その自己治癒をサポートしたり高めるために何をするかということが一番重要なんだなと考えるようになった。

そう考えるようになってからの10年ちょっと、わたしは化学的な薬を飲んでいない。

でも子どもの頃から散々飲んできた抗生物質の影響でいまだに腸内環境は整わないし、たった十数年自然に自己治癒力を高めようとしても、そんなに簡単じゃないことも痛感してる。

現代の標準医療の病院はアロパシー医学といって対症療法だから、

緊急のときや外科的なことなどは絶対的に頼らせていただきたいと思っているけど、それ以外のことはまずは自分で向き合って体調管理をするようにしてる。

検査をしてどこがどんなふうに悪くなっているのかを知った方が治療に専念できる人もいると思うけど、わたしの性格上病院に行って病名を告げられ、正式に病人にされてしまったら不安になって、その病名がぐるぐると頭から離れず精神的に弱ってしまいそう。

自分の体が辛かったりおかしいときは自分でわかる。

わたしはその原因を病気と診断される形で突き止めるより、体全体のバランスや生活習慣で不調をなくしていくことに専念している。

とはいえ体の状態を把握していたいから、ホリスティックのドクターやナチュロパスのところで、血液検査や毛髪検査をしたりしている。

血液検査は、今採った自分の血を顕微鏡で見てもらうというやり方もしているんだけど、血液の結晶ってすごいの！

ドロドロしているかサラサラかも結晶の形を目で見ることができるし、それ以外にも貧血があるとか炎症の具合とか肝臓の状態、カンジダ菌やときには血液中の寄生虫まで見えることがあるらしい。

わたしはたまにこの検査をしているんだけど、血液がサラサラになるかドロドロになるかは精神的なこともすごく関係している。先週サラサラだったのに、今日はドロドロになっているという日があって、それが夫婦喧嘩をした次の日だったから、心の平和を保つことは健康に直結していると、目で見て実感した出来事だった。

血液をサラサラにするためにいますぐできることは、アーシングをすること。わたしの通ってるホリスティックのドクターも独自に研究しているけれど、アーシングは医学的にも認められてきている、人間にとって必要不可欠な事柄なんだそうです。

やり方は至って簡単。地球に素肌で触るだけ。裸足で土の上を歩けたら最高です。先生の研究では、最低でも1回につき10分は続けないと効果が得られないんだとか。

どうしても電子機器に囲まれているこの時代、体内に溜まってしまう静電気がアーシングをすると体外へ放出されるから、意識的に生活に取り入れた方がいいけど、日本ではなかなか裸足で歩ける場所がないよね。そんなときはアーシングマットというものがあるから、それを使ってみるといいかもしれない。

ちなみにわたしたち家族は、それぞれ寝ているベッドの足元にアーシングマットを仕込んでいるから寝ながらもアーシングしているという欲張りぶり。

子どもたちのベッドの付近にもコンセントの穴があるから、そこから微量な電磁波が漏れているのだろうなとずっと気になっていて見つけた、お気に入りの対策。

でも一番いいのは地球に触ることだから、ゴムで地球と断絶されてしまう靴や上履きを脱いで、できる限りたくさん地球に触らせていてあげたい。

もう一つ、自己治癒力を高める対策で自分を把握するためのお気に入りな方法が、体内に溜まっている重金属を調べる検査。

これには毛髪を使うのだけど、頭皮の近くの髪の毛で検査するからけっこうな束を根本からカットしなくてはならないゾワゾワ感はあるのだけど、失う髪より得られるものは大きい。とわたしは思う。

この検査をするとき、夫の体内の重金属レベルにも興味が出て彼の髪の毛もついでにジャキジャキと切ってLAのラボに送ったのだけど、出てきた結果が笑えるくらいわたしと似ていた。やっぱり、普段ほとんど同じものを食べたり使ったりしているもんね。

わたしは最近物忘れが激しいから結構重金属溜まっちゃってるんだろうなあと勝手なイメージで思っていたんだけど、結果はナチュロパスに褒められるほど、全然溜まっていなかった。普段からすごく気をつけて、オーガニックな生活をしてるんだなということがこれを見てよくわかる。と言われ、この10年、できる限りでオーガニックのもののを選び、取り組んできたことが実を結んだような気持ちになった。

水銀とヒ素は少し蓄積があったので1ヶ月間集中的に解毒を始めた。それ以外に溜まってしまう重金属で、鉛、アルミニウム、カドミウム、などは聞き慣れているかもしれない。アルミニウムはケーキをよく食べたりしていると、ベーキングパウダーに含まれているからアルミニウムフリーのベーキングパウダーを使用しているケーキ屋さんを探すか、家で作るのが一番安全。

何が使われているかわからない洗剤や歯磨き粉もできる限り使わなかったり、調理器具を安全なものにしたり、オーガニックなものを選ぶことは有害な重金属を取り入れないためにできる対策だと思う。

毛髪検査ではミネラルバランスが崩れてしまっているところも全てわかる。例えばカルシウムとカリウムのバランスが崩れていると鬱《うつ》病になりやすかったり、ちゃんと甲状腺《こうじょうせん》が働いていなかったりするので、溜まっている有害重金属をデトックスして、普段の生活やサプリメントで栄養を補い体全体のバランスを整えていく。

そうやって普段から体全体のバランスを考えて、不調があるときはどこか一つだけを単体で考えて病気と思わず、心も体も臓器も自分が身を置いている環境も全て一つとして捉えて対策すると、全部が芋づる式に良くなっていくので、わたしはこのやり方がとても気に入っている。


ちなみに親の体内に溜まってしまっている有害重金属は、一番初めの子に一番多く譲ってしまうという特徴があるらしい。

確かに、うちは一番上の長女がわたしに似た体質をしている。そっかあ。ごめんね。と思いながら長女のデトックスもせっせと始めました。

もしこれから妊娠する予定の方がいたら、ぜひ体内の残留有害重金属を調べて、溜まっていたらいつか出会う我が子のためにも、デトックスして準備しておいたら、最高だね♡

わからないことだらけな人生、切ないぜ

43年間歩んできたわたしの人生、お金も、時間も、労力もどれだけ無駄が多かったことか。よく、無駄なことなんてひとつもなくて全ては必然だなんて言葉を聞くけれど、でも実際無駄なことってある。無駄だと思いたくないだけでさ。わたしっていくら勉強代を払ってきたのかしらと思ったことが人生で何度あったかわからない。

客観視するのが難しい自分のことって、生きていくうちに少しずつわかってきたりするけど、もっと早くに理解することができれば人生は変わる。わたしなんて43歳になった今でも、毎日が自分のディスカバリー。

過去の写真を見ると、わからないことだらけの世界で生きている自

分は大変そう。そもそも、自分がこんなにピチピチだったなんて知らなかった。10代、20代、30代のみなさん。これはねえ、ぜひ自覚しておくことだね。

今になってわたし、昔の写真を見て自分のピチピチ度にびっくりするもん。そのとき知ってたらよかったなー。残念。

なんで知っておけばよかったかって？　だってピチピチってだけでリミテッドな魅力じゃん。

もちろん年代によって魅力は変わっていくから、今は今でなんかあるのかもしれないけど、でも単純に、ピチピチでプルンプルンだなみたいなさ。

そのピチピチを生かすも殺すも自分次第よ！！！　わたしはおそらく、めちゃ無駄遣いしたな。いつも自分に自信が持てなかったから。

長く生きてくるとさ、自分の思考のパターンもよくわかるようになってくる。若い頃は何か物事が起こって、その物事に対していちいち反応しちゃってるんだと思っていたけど、実は全部無意識に、自分の思考のパターンを繰り返してるだけだったりするんだよね。

脳の癖でこういうときはこう反応する、と決まっているの。

みなさんは朝起きて一番最初に考えることはなんですか?

わたしは寝不足のときはまだ疲れてるとか、今日も一日大変だなとかうっかり思っちゃうときがあるんだけど、でもどういう思考だろうとその日一日を駆け抜けなくちゃならないのなら、朝一番に思い浮かべることは嘘でも絶対にポジティブな方がいい。朝一番最初の思考は今日という日に大きく影響してしまうから。

脳は唯一騙《だま》せる臓器らしいから、それをうまく利用するといいよね。

自分の思考のパターンに気づくことができると、改善すべき点を見つけられる。子どもたちが自分の思い通りにならないことがあって、つまんない! とか、嫌い! とか、もうやだ! と言ってたりすると、つまんないって言ったらもっともっとつまんなくなっちゃうよ。と言ってみてる。言葉の持つパワーはすごいもんね。どんなにしんどい朝でも、「ああ、今日も最高の一日が始まった!」とか、「寝不足の割に元気♡」とか、「ワクワクする！」「今日も楽しもう！」とか、なんでもいいけどとにかくポジティブなことを口に出したり頭に思い浮かべたりして脳の癖を変えてっちゃったら、そのまま人生も変わりそう。

「健康です」ってずっと唱えてると脳が自分は健康なんだと思って体が健康になっていくらしい。

今日からわたし、わたしってなんて若いのかしら♡　ってずっと唱えてみようっと。

これからの人生はこれから作っていけるんだもん、希望がいっぱい。話が未来に飛んでっちゃったけど、今日書きたいことは昔のわたしについて。

この本を出すにあたって昔の写真を色々見ていて、一番思ったことは、もっとどんなときでもご機嫌で生きていきたいということ。

このとき何かに落ち込んでたなとか、怒ってたな、不安だったなって写真が多くて。

それもまたわたしの歴史だから愛を持って受け止めるけど、でも、せっかくそれに気づくことができたのだから脳の癖を徹底的に変えていこうっと。子どもたちはわたしをどんなふうに思っているのだろう。

せっかくだから、ママはいつも楽しそうに生きてるな、なんて感想を持たれていたら嬉しいな。そうだ、聞いてみよう。

子どもたちが学校から帰ってきたら、ママについてインタビューしてみることにする。

娘にインタビュー

学校が終わりそのまま友達の家に遊びに行って、ディナーをご馳走になった娘を息子と一緒に迎えに行ってきた。

娘は家に帰る車内で今日楽しかったことをマシンガントークして、家に着くとお風呂に入ってくるねと上の階に行った。

わたしはキッチンで片付けをしていたんだけど、そういえば娘にインタビューしようと思っていたんだということを思い出し、iPhoneのボイスメモを開いてバスルームにずんずん乗り込んだ。娘は厚さが10センチくらいあるハリー・ポッターの本と、漫画を何冊か積み上げて、目覚まし時計を近くに置きながら湯船に浸かりドラえもんの漫画を読んでいた。

こういうところわたしと似ている。読みたいものが一冊に絞れなくてとりあえず全部バスルームに持ち込んじゃうところ。

「漫画読んでるところにごめんね。ちょっと話を聞きたいんだけど、今、どう？」と聞くと娘は機嫌よく「いいよ！」と読んでいた漫画を閉じた。

「突然変なこと聞くけど、ママって楽しそうに生きてる？」

「うん！　すごい楽しそうだよ」

「どんなときが楽しそうだなって思うの？」

「子どもたちと一緒にいるときとか、お庭でチキンとかウサギのことやってるときとか」

「ママって元気だなって思う？」

「うん。いつも元気だよ、夜8時くらいまではね。その時間を過ぎるとだんだん、さっきまであんなに優しかったのに、なんか疲れてるってなるよね、毎日。笑」

「ほんとそれ！　8時過ぎると世界が変わる。笑」

「ママって幸せそう？」

「幸せそう！」

「どんなとき幸せそう？」

「うーん。みんなで一緒にハグしてるときとか。わたしたちと一緒に遊んだりしてるときとか、わたしたちとなんか一緒にしたりとか、お話ししたりとかしてるとき」

「え、それってあなたの幸せなときじゃなくて？」

「うん。ママの幸せのとき」

「子どもたちのこと大好きってこと？」

「大好き。多分世界で一番自分の子どものことが好き」

「そう思うの？」

「そう思う」

「ラッキーだね？　そんなママで」

「うん」

「なんでママはそんなに自分の子どもたちが好きなんだと思う？」

「うーーーん？？？　わかんない。好きだから」

「もしママが子どもたちのことを好きじゃなかったらどうだったと思う？」

「ママが？　わたしたちが？」

「あなたたちが」

「多分、ママがわたしたちにしてるふうにお友達みんなにやって、わたしたちにはお友達がいなくなって……」

「え！！！　なんでそんなふうに思うの？？？？」

「だって最初はパパとママに習って、みんなにスプレッドするから」

「そんなこと考えてるの？」

「うん。多分最初の16年間とか？　10年くらいとかかな？　そのときパパとママが子どもたちにしたことが子どもたちの人生をビルドアップするの」

「なんでそんなこと知ってるの？　誰かに聞いたのそれ？」

「今自分の頭に聞いたの」

「ママはいっつもそういうことを考えてるんだけど、あなたには話したことがなかったのに、なんで知ってるの？」

「なんでかっていうと、ママがしてることとか、考えてることがわたしの10年間（娘の年齢）に入ってるから、わたしのライフはそうやってビルドアップされていくの」

「すっごいね。それでほんとに、ママがあなたに優しくするからあなたは人に優しくできるの？」

「うん」

「なんでそう思うの？」

「だって一番信頼してる一番大好きなママだから」

「ママの真似してるってこと？」

「そう」

「人にはこうすればいいんだって思うってこと？」

「そう」

「そうなんだ。意地悪な子とかがいたらどうするの？」

「最初はすっごいナイスにするけど、ずっと意地悪だったらテンパーが壊れて居心地悪いってなっちゃう」

「でも、わかってあげられるってことでしょ？　意地悪になっちゃうのはその子のせいじゃないってことが」

「うん。あの先生いるでしょ（ちょっと意地悪だと教えてくれた、とある先生のこと）、あの先生は子どもの頃メキシコに住んでて、パパとママのことも少し聞いたけどすっごく大変なライフだったから、仕方ないんだろうな、大変だったんだろうなって思ってる」

「へーーー。そんなこと考えてるんだね。ママもパパもたまにやなヤツになっちゃうときがあるじゃん。そういうときはどう思ってるの？」

「それはね、すっごく大事なの。もしね、ずーっと、これ食べる♡？　これ欲しい♡？　かわいいね♡　ってずーーーっとそれだけだったら、もし外で何かあったときにどうしたらいいのかわからない。でも、おうちでパパとママと練習してるから、もし機嫌が悪かったりイライラしてたりする人がいても、そのとき自分がどうしたらいいのかよくわかってて、知ってるの。きょうだいともそう。ケンカしちゃうときもあるけど、でもそのときにどこまで大丈夫とか、ここからはダメとかラーンしてる」

「そうなんだーーー。じゃあ、ケンカやめろーーって思ったり、パパの不機嫌やだなとか、さっきやな感じになっちゃってごめんとか思ったりするときもあるんだけど、そういうの全部必要なの？」

「必要なの！！！　ワールドに出て行ったとき、どうしたらいいかわかんなかったら困るじゃん。でもママとパパの機嫌とか小さいことが積み重なってワールドになって、自分がそういう人を見つけたらどうやってやればいいか、何をすればいいかわかる」

「すっごいね。よかったね。子どもたちがだーーーい好きだけど、夜8時以降はやなヤツで、たまに機嫌の悪いパパとママがいてよかったね」

「うん。よかった！」

「なんかすっごくいい話が聞けたよ。ありがとう。最後に、ママに一言どうぞ」

「ママのこと愛してる♡　パパもだけど♡　家族みんな愛してる♡」

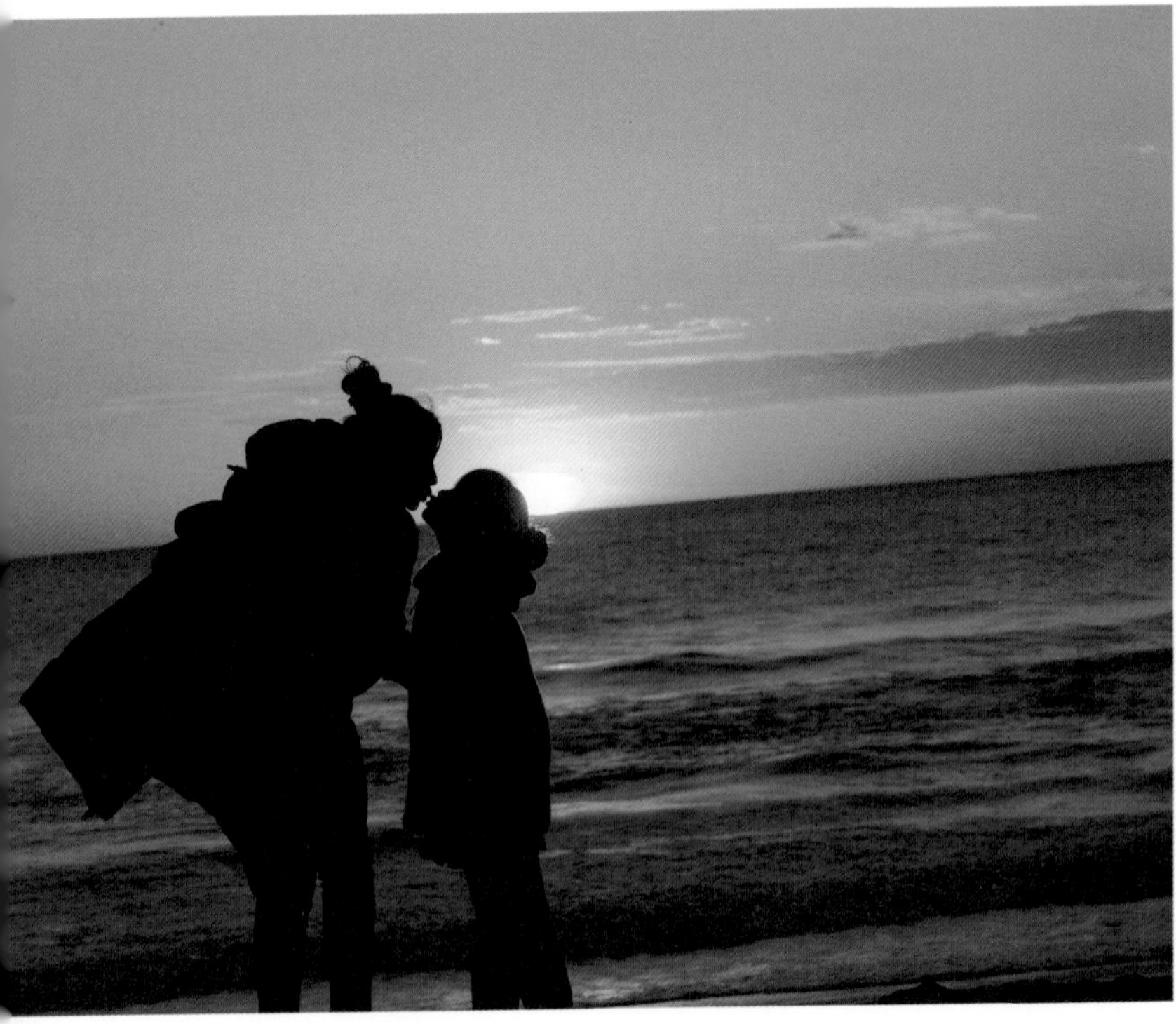

どんなこともそのまま真っ直ぐ受け入れる勇気と、
揺るぎない強さを持って自由にしていたい

第3章　わたしのままを受け入れる

Chapter. 3 Acceptance

許し

ここ数日人を許すということについてずっと考えていた。

許すとか許さないって、すごく曖昧で難しい。

許せない相手がいて、許せない思いを抱えながら生きていたとして、それについて何かアクションを起こす場合も起こさない場合もあって、だけどわたしたちには理性があるから裁判も法律の中でしかしてはいけない。

相手が悪かったと認めている場合もあれば、こちらが一方的に怒っている場合もある。起こってしまったことはもう取り返しがつかなくても、心から謝られたら必ず許さなければいけないのだろうか。

許せないと自分が苦しいから許すべきなの？

どう思えたら自分の中で正式に許したことになって、どんな状態なら許していないことになるのかはっきりした定義も境界線もない。

気分によってなんとなく気にならない日もあれば、またぶり返して許せない気持ちが沸々《ふつふつ》と湧いてくるときもある。

許すとか許さないって、目には見えない自分の中だけにある曖昧なものなのか。


許すことを掘り下げて考えてみて、そんな永遠ループから抜け出せずにいた最近だったけど今日、自分なりにわかったことがある。

わたしたちは一人一人、他人との境界線を持って生きている。

自分という国をそれぞれが発展させながら他の国と関わって生きている感じ。

それぞれの国で掲げている理念も決めているルールも違うけど、相手の国が自国と違う価値観で発展していくことを受け入れながらも、同じ星で暮らしているから影響し合ってしまうため、ときに話し合いながらうまくやっていく努力をしている。

でもそもそもが違う国だからそれぞれの領土に勝手に侵入されないように自国を守る。国境を勝手に越えようとしてくる他者がいてはならない。わたしたちはそれぞれ自国の運営と発展で手一杯だけど、自分だけで一つの国を発展させていくには限界があって他国と同盟を結び、協力し合いながらそれぞれの国を保っている。

もちろんどんなときでも他の国に協力して力になれる自分でありたいけど、自分の国を保つことはなかなかのハードワークであるからそうも言ってられないときだって多々ある。

何が言いたいかというと、どんなときでも他人を助けられる親切な自分でありたいけど、人に親切にするには自分に余力が必要で。

自分がいっぱいいっぱいでまずは自分のことをなんとかしなきゃとかけずり回っているときに、他人に貸してあげられる力はない。それは不親切とか意地悪とかそんなことではなくて、みんな自国の運営に追われているから仕方のないこと。

でもわたしたちは他国とうまくやっていきたいと常に思ってる。だから困った人を見かけると、何かしてあげなくちゃいけないという気持ちが起こる。でも何もできないとき、罪悪感を覚える。


あぁー、へたっぴな説明でやっとここまで辿り着いた！

ちゃんと伝えられてるかわからないけど、続けてみる。


その罪悪感が曲者《くせもの》なの！

罪悪感を覚えることに耐えられないからといって、そんな余裕ないのに無理して相手を助けようとしてしまうことが、全ての間違いなのかもしれないって思ったの。許すとか許さないも同じことで。

世界共通に出回っている、許さなければならない。という強迫観念のせいで、わたしたちは許せないことに対して罪悪感を覚える。許すことが自分のためとか、許せる人間でありたいとか「許し」の神話は一人歩きして、世界中のカウンセラーやセラピストですら患者にまずは許すことを促している。

でも、何事もそうだけど人間本当の自分の気持ちじゃないことをあたかも自分の考えのように思い込むことこそが負担の始まり。

ほんとじゃないからそれを隠すようにいつも取り繕い、行き場を失った本当の気持ちは抑圧されたまま閉じ込められる。

本来ヒーリングしたり解放しなくちゃいけない気持ちを押し殺してなかったことにしちゃうんだもん、その歪みは大きい。

体調だって悪くなってくるだろうし、いつもモヤモヤと引っかかるものがある。


許せない、または許したくないことを許さなきゃいけないと言い出したのは誰？


わたしたちはそれぞれの国で、争わないように他国に配慮しながらうまくやってる。法律も決めている。

ということはどんなに許せなくったって法律違反になるようなやり

方で許せない相手を攻めたりしないし、許せないのにもかかわらず自国を守るためにもその相手に配慮だってしてしまう。

ってことはさーーー、許せなくったっていいんじゃん！！！

わたしたちが一番苦しいのは、自分の本当の気持ちを自分すらわかってくれないことなのではないだろうかという結論に至ったの。

許せないものは堂々と許せないと思っていい。

罪悪感に負けない。許す神話に流されない。

こんなに他国、他人に配慮しながら毎日生きているんだから、せめて自分とだけはなんのわだかまりもなくわかり合い、受け入れ、仲良くしないと追い詰められすぎて苦しいでしょ？

やっぱり、全ての言動の原動力は愛であることが理想なんだなあ。

原動力が罪悪感とか憎しみ、苦しみではいけない。それは一見相手に向けての優しさに見えても自分を否定していることになるの。なぜならば、自分のそのまま全てを受け入れることができていない状態での原動力には、相手を許せないという気持ちすら受け入れてあげるという自分への愛がないから。

あーーー！　説明が難しい。
ちゃんと伝わっていますでしょうか？？？

これはわたしが辿り着いた、理屈っぽい、だけどすごくシンプルな生き方、在り方をシェアしたくて書いてるんだけど、押し付けがましく聞こえてたらごめんね。単なる、現時点でのわたしの気づきです。もう少しこの考えに慣れてきてからだったら、もっとスムーズに説明ができたと思う……。

たった一つの地球の中を幾つもの国で分けて、さらにその中で個人個人が自国を築き所狭しとみんなで関わり合いながら生きているから、自分のことばっかり優先させたり、考えたりするのは難しいけど、でもまずは自己愛を確立しないことには始まらない。

自己愛ってどうしてもいまだに自分勝手なイメージがあるけど、世界平和を願うならまずは自分自身の他人には言えないような部分を全部ありのまま受け入れるのだ。

それこそが本当の許しじゃん！！！

許せない自分を、許すのだ。

だからさ、結局のところ本当の意味で許せるのはみんなそれぞれ自分自身だけなのかもね。

ああ、最後に結局は許せるってことが知れてしまった。

偉大なわたしたちであります。

自分を大切にするということ

近年ささやかれているセルフラブという言葉。みなさんはセルフラブ、できているでしょうか？

わたしはね、セルフラブ、最も苦手分野。他人との関わりの中でセルフラブがいき過ぎて伝わってしまうと、単なるわがままとか自分大好きの勘違い系とかになり兼ねないから境界線の見極めが難しいところとか思っちゃって。そもそもセルフラブってそういうものじゃないのにさ。

ハッピーに生きていくには絶対必須項目だよね。そもそもわたしたちは、なんでセルフラブなんてことを意識しなくちゃ自分を大切にしたり優先したりできなくなってしまったんだろう。

自分自身にしてしまうことでわたしが一番酷いと感じることは、他人と比べてしまうこと。でもさ、この時代日々生きている中で一分一秒他人と比べず生きるなんて、修行僧のイキじゃない？

SNSとか見ていると、参考になったり息抜きになったり友達の近況を知れたりするけど、でも、ふと誰かと自分を比べて落ちていたりもする。わたしはわたしでこんなにも頑張って生きているのに、誰かの方がかわいいとか幸せそうとか大きな家に住んでるとか。そんなふうに思ってしまったときはなんだか残念な気持ちになって、せっかくの自分の時間と人生が台無しになる。

でもいつもいつもいつもそんなふうに思っちゃうわけじゃないから、そういうモードになっちゃうときは自分がどんなときなのか探ってみた。そしたらね、セルフラブってやつをちゃんとできてないときなんだよね。

わたしは仕事柄メディアを通して伝わっていく表面的なところを

「いいな」って言われることが多かったし、インタビューでは「憧れられる立場として」なんて質問をされてきたけど、わたしからしたら家族にお誕生日を祝ってもらえたり、親が結婚式に参加してくれたり、子どもができてから相談できたり手伝ってくれたりするお母さんがいる人が羨ましくて仕方ない。

聞き飽きた言葉だけど、人はみんな持っているものが違うし、隣の芝生は青く見えるものなのだ。

他人と比べて羨ましさが消えないうちは本当の意味で自分自身を大切にすることはできないし、幸せになることもできない。でもどうしても羨ましいんだもん！　じゃあどうすればいいのか！！！

やっぱりそれは、とにかく自分を大切にしていくしかないんだよね。コツコツコツコツ、大切にしていくの。雨の日も風の日も嵐の日も、自分を大切にする。小さくて守ってあげたい子猫のように、無条件にただただ大切にする。だってさ、自分のこと365日24時間大切にしてくれる人なんて、世界中探しても自分以外見つからなくない？　だからとにかく自分自身に常に優しい言葉をかけて、受け入れ、労わり、愛して、傷ついたときはただただ寄り添う。こんな世界でサバイブしながら毎日を精一杯生きているんだから、どんなときでも批判したり責めたり意見したりするなんてモッテノホカ！！！

自己否定ほど辛いものはない。でもねぇ、わたし、自己否定すごいしちゃう。これでも昔よりはかなりしなくなってきたけど。自己否定なんて、生まれてから死ぬまでできれば一度もしなくていいことだと思う。自分の子どもたちには生まれてから今日までわたしが肯定し続けているから、きっと自己否定してしまう脳の回路は今のところ作られていないんじゃないかと思う。それと同じように、とにかくどんなときでも自分のことも肯定してあげなきゃな。自分のこと嫌いって思っちゃうときのあの地獄のような苦しみは、本当にいらない。

これを書いているのは２０２３年１月なんだけど、去年はなんだか個人的に事件の多い年で。でね、気持ちも暗くなったり、事件に引っ張られてもともと少ない自信も崩れ落ちて自分のことが嫌いな日が定期的にあって、辛かったなぁ。あまりにも辛くて、仲良しのヨガの先生にラインで自分のこと嫌いで辛いって伝えたら、なんて奇遇なの！わたしもです♡　でもわたしはあなたのことは大好きって返事が来てね、なんかすごく救われた。

とにかく自分が嫌いなんてことは一瞬でも思いたくない。でも、頑張っても時々自己肯定感が低くなっちゃう人はどうしたらいいんだろね。自己肯定感が低いと承認欲求が高くなるでしょ。だからそれもやっぱり毎日自分を大切にすることか。承認欲求を満たしてもらうのを誰かに求めるのではなく自分でしていくの。自分で自分にオーケーが出せれば、それって何よりのセルフラブだから。

一言でセルフラブと言ってもさ、もともと自己肯定感が高くて自分のことをしっかり好きでいられる人と、自己肯定感が低くて自分のことたまに嫌いって思っちゃう人のそれでは、全然違うよね、きっと。もともと自己肯定感が高くて自分のことが好きな人のセルフラブはきっとオシャレなんだろうな。今日はお気に入りのキャンドルをたいてお気に入りのボディクリームを塗って自分を労る心地のいい時間を作る、みたいなさ。まあ、わたしだってそういうことしてるときもあるけど（すっごい偏見を堂々と書いてるよ。笑）。

恐ろしいのはセルフラブのつもりでしているけど実は真逆な行動もあることだよね。例えば今日はセルフラブの日だから好きなものじゃんじゃん食べて飲もう!!　なんて言ってジャンクなもの暴飲暴食して、その瞬間は満たされたような錯覚に陥ってさ、でもそれって本当は色んな意味で自分を傷つけている……。

とにかくわたしたちはセルフラブなんてことを意識しなくちゃ自分を癒せないような難しい時代をサバイブしているわけだけど、どんなセルフラブをするかで効果が全く変わっちゃうから楽しく快適に生きていくためにはまずはセルフラブのセンスを磨かなくっちゃね。そしてどんな人に出会っても、どんな投稿を見ても自分と比べずそれはそれと楽しめる、揺るぎない自分でいなくっちゃ。自分の幸せは自分だけのものなんだから、どんなことが起きたってそれによって崩されることを許してはダメよ！！！

同調圧力

　前回の本を出版するときわたしは臨月《りんげつ》だった。一番最初の妊娠のときドクターにあなたは早産体質だと言われていたからそうなのかなと思っていて、ということはもういつ生まれてもおかしくない!!　とドキドキしながら記者発表をさせてもらったのだけど、そのときマスコミの方からいつが予定日ですか？　と聞かれ、咄嗟《とっさ》に、わたしは普通の病院の健診には行っていないので正確な予定日はわからないんですと答えてしまった。

　その一風変わった発言がメディアに大々的に取り上げられ、結果、臨月のわたしは世間からお叱りをいただく（批判される、叩かれる、とも言う）結果となった。3人目の妊娠中は一度しかエコーをしていなかったし、その月は生理も排卵日もずれていたから確実な予定日を確定せず、なんとなくこの辺の日、という予定日しか出していなかったので、嘘はついていない。

わたしがそう咄嗟に言った理由は、もうすぐなんです、とか、多分何月の何週頃なんですと皆様にお知らせしてしまったら、もうすぐだね、まだかな？　生まれた？　なんて知り合いやSNSを通じて知らない人たちにまでメッセージをいただいてしまいそうで、わたしの性格上そのプレッシャーに耐えられそうもないと感じたからなんだけど、それと引き換えにあんなにも世間から叱られたり、ひなのは昔と変わらずやっぱりバカなままだと言われたのだから、結果どっちの方がプレッシャーになったのかは今となってはわからない。そのときのことを今でも時々考える。

2023年の4月から、日本の食品に対する遺伝子組み換えの義務表示が事実上なくなる。

2022年4月からはすでに、人工甘味料や合成着色料という表記がなくなった。

それらは新しく甘味料、着色料と表示されているわけなんだけど、ここで消えた「人工」や、「合成」という言葉は、とても大切だったのではないか。

「人工甘味料はヤバイっしょ！」「合成着色料満載って感じでさあ」なんて、会話の中でよく聞いていた。

そしてその認識はほぼ全員が、「ちょっとなら食べても大丈夫だけどヤバイもの」という認識だったはずだ。

それが、甘味料、着色料にいつの間にか変わってしまったら、意識的に注意していない限り人工甘味料、合成着色料、と言われるよりは危機感を覚えないのではないだろうか。


話はわたしの3人目の臨月に戻るけど、わたしを叱ってくださった方々の中には、匿名の医療関係者という方が何人かいらっしゃった。

その方たちは、わたしみたいな立場の人間がそんなことを言ったら、妊婦健診を受けなくてもいいならわたしも受けない！　と他の妊婦さんが真似してしまうかもしれないから無責任な発言をするな、と言うのだ。

それに、病院での妊婦健診には毎回とても大切な意味があって、それを受けないのはお腹の赤ちゃんへの虐待だとまで言われた。

もしどこかの誰かが、マスコミが一部切り取って見出しにした芸人の発言を何も調べずに鵜呑《うの》みにして、その発言の前後の文脈や、その人の考え、そして自分自身のことや自分の赤ちゃんのことなど何も考えず健診に行くのをやめて何か事故が起きてしまったとしたら、それはその人の責任ではないのか？

西洋医学は一つの学問であって、それでしか治療できないものももちろんあるけど、そもそも問題のない妊娠は病気ではないのだし、国によって決められている妊婦健診も全然違ったりもする。パッケージになっている妊婦健診が全ての妊婦と赤ちゃんに必要不可欠だとわたしは思わない。別の考え方やアプローチをすることを間違いだと決めつけるのはあまりにも支配的だとわたしは思う。

わたしは、一人目の出産を経て分娩台で出産することへのリスクだって少なからず感じたし、妊婦健診で使われるあの椅子は座る人へもう少し配慮ができるのではないかとも思っている。

自分には何が必要か。

深く考え、学び、全責任を負いながら選んで実践している自分の話をすることで無責任だと言われる社会はなんなのか。

もしわたしがあのとき、その同調圧力に負けて、言われるがままにその方々の病院に行き直し、そこでの健診や出産の際にもし何か事故が起きてしまったとしてもその責任を取ってもらえるわけでもない。

自分の責任の所在は曖昧にしながら、他人の無責任さを主張して、より人数が多い方の考え、いつの間にか一般的、常識と言われていること、そしてそれを選んでる人が多いのだからそれこそが正義であるとでも言うような勢いで同調圧力という権力を振り翳している。

わたしは批判もしたくない。できれば、今書いたことも、言いたくない。

でも、言わなくちゃならない。

それこそが社会を、わたしたちをがんじがらめにさせているのではないのか。

人は人と違って当然。

その違いを受け入れようとせず、世界に平和なんて訪れるのか。

わたしは何かを否定したわけでも、誰かを批判したわけでもない。

自分のことを言っただけ。

その考えに辿り着くまで、自分なりに学び、考え、勇敢な心を磨き、全責任を負って自分の人生を生きている。

愛する我が子に、一番いいと選んだことを信念と自信を持って提供している。

それを、目に見えぬ誰かの責任まで背負わせてやめさせようとする世の中とは、なんなのか。

こんな世界、わたしは悲しくて仕方ないです。

だから誰も何も言わなくなってしまったんだと思う。

人工甘味料の人工という文字がいつの間にか消え失せようと、今年から遺伝子組み換え表示義務が事実上なくなろうと、誰も、何も言わない。

世界では畜産動物の扱われ方もどんどん改善されているのに、日本は今もアニマルウェルフェアの評価は世界最低ランクのまま。


これが自分にとってはあまり心地良くないなと思ったから常識と言われていないことを選んだり、掘り下げてリサーチした結果、いつの間にかルーティンになっていて何十年も変わってないだけの、今となっては意味のないものだと知ったりして、一般的ではない選択をした瞬間、批判の嵐でしょ。

そんなんじゃ誰も、何も言えない。

同調圧力で変わっていくことを嫌ってとにかく波風立てないようにすることで守っているものはなんなのだろう。

みんなそうしてるからと波風立てない代わりに、大きな何かを失っているかもしれない。

誰かにとって「当たり前」でも、自分にとって「当たり前」じゃないならちゃんと発言していきたい。

自分と違う価値観を持っているからこそ魅力的な人たち、自分とは違う姿形をした動物たち、この地球上に暮らす生き物たちみんなが平和に暮らせる愛に溢れた幸せな世界を目指したい。

そのためにできる一番簡単なことは、どんなに批判されたとしても自分の考えを発言していくことだと思ってる。

同じ気持ちの人がいてくれたら、勇気を持って、頑張ろうね！

毒親

毒親という言葉を知ったのは、前作のエッセイに初めて少しだけ自分の生い立ちを書いたときに、ネットやワイドショーでわたしの親のことをそう呼ばれたのがきっかけ。

子どもにお金を無心したり親として子どもに対する責任を果たさなかったりする親は、そう呼ばれているらしい。

正直、どんな親であっても赤の他人からそのような言葉で親を批判されることは気持ちが良くなかったし、毒親という言葉自体わたしは好きじゃないと思った。

わたしは昔に比べて随分と「普通」にできるようになったと思うけど、大人になってから訓練した「普通」なんて、ホンモノのそれには程遠く、今でも人に対して自分がどうあるべきかわからない場面だらけで、その都度正解を探して悩んでいる。

わたしはわたしなんだから、正解は自分で決めることであって探すものではないことをわかっているのにもかかわらず、だ。

そんな自分をＨＳＰ（ハイリー・センシティブ・パーソン）だと思っていたけど、毒親という言葉を知ってから毒親について研究している人の記事や、毒親育ちで悩んでる人のカウンセリングなんかが目につくようになった。

アダルトチルドレン。この言葉は、わたしがカウンセリングに通っていた20代前半の頃カウンセラーに言われたものだけど、毒親の元に育つと、まさにそれになるらしい。

毒親の特徴を見てうちの親はこれだなと思うよりも、毒親に育てられた人の特徴を知れば知るほど、そのまんま、わたしじゃんと思う。

ＨＳＰの特徴の中には幾つか違うなと思うことがあったけど、残りの全ての特徴が当てはまりすぎていたから、何かがうまくできなくて動揺したとき、自分にわたしはＨＳＰだから、と前置きを作って考えたりしていた。

ＨＳＰと毒親育ちの違いは先天的なものか後天的なものかが一番大きく、その他の症状は少し似ていたりする。でも、先天的なものなのか後天的なものなのかの違いは、自分を理解する上ですごく重要だから、毒親と言われてなんともいえない気持ちになったとはいえこの言葉を知れて良かったと思ってる。

でもねえ、この毒親育ちって、本当にタチ悪いの（わたしの場合ね）。子どもの人生は親のものじゃないのに、毒親は子どもの人生の権利は親である自分にあると思ってて。無意識だったとしてもね。しかもうちの場合、悪気が全くないの。ちょっとでもイヤなことしちゃったなとか、支配してやるみたいな自覚があってくれたならまた違ったんだと思う。

だからわたしもおかしいと思うことを指摘したり、他人に話そうものなら、ママはわたしを愛していてくれているのにママを悪者にするなんて、と罪悪感でいっぱいになる（悪者になんて全くしていなくて、ただママとわたしに起きた事実を話しただけなんだけどね）。

母親の悪気のない虐待があまりにも酷くてついうっかり若かりし頃の彼氏とそのお母さんに母親にされたことを話しちゃったとき、「あんたもそんな親を甘やかしてるからいけない。きちんとNOを突きつけないと、そういう人間はどんどんつけ込んできて最後は共倒れする。親として、あんたにしていることはおかしい」と言われて、やっぱりそうだよね、だったら助けて！　と思う気持ち20％。

残りの80％の気持ちは、そんなはずない、酷いことたくさんするけど、ママに悪気はないもん。

それなのに何もわからない他人に、絶対話すなと言われているうちのことを話してしまって、ママの悪口まで言われて、こんなのママが聞いたら激怒して泣くだろうな。ごめんなさい。と罪悪感で、いっぱい。

どっぷり、共依存の関係。

尊重されず人生を乗っ取られて生きていたから何が正しいことなのかわからず、とにかくもがき苦しんで生きていたな。

それから月日は経ち、わたしはこんなに堂々とわたしたち（ママとわたし）のことを話せるようになったよ。

誠実に生きていくためには、そんなどうしたらいいのかわからない状況下に生きていても、おかしいと思うことはおかしいと勇気を出して言わなきゃならない。一番誠実にいるべき人は、他ならぬ自分自身なんだと知ったから。

だからわたしは言うよ。

毒親って言葉は好きじゃないし、もうこの世にママはいないから一方的になってしまって、死人に口なしというところがさらにハードルを上げているけど、でも、大丈夫。

今のわたしならきっと前向きに向き合えるはずだと信じているし、

ママを罵倒《ばとう》したり悲しませたりしたいわけでもない。
ただこれが事実なんだもん、受け入れるしかないもんね。わたしは
ママの分も背負って一人で乗り越えていくよ。
わたしはママを愛してる。

一人で眠れるようになりました

この本を書き始めた頃はまだ、一人で眠るのが苦手だった。

こんな年になるまでずっと、苦手だったのだ。

誰かがそばにいてくれないと色んなことが不安になって、目を瞑《つぶ》るのが怖かった。

お化けが出たらどうしよう。怖い夢を見たら嫌だな。金縛りにあったらどうしよう。

起こってもいないことをいつもあれこれ考えていた。

一人暮らしのときも、出張先でも、一人で寝られないからいつも大変な思いをしながら生きてきた。

家族で暮らすようになっても、夫がまだ別の部屋で何かしていてベッドにわたし一人だと、寝られない。電気を消したベッドルームのドアを閉めるのも怖かった。

それなのに！！！　わたし、一人で寝られるようになったの！
出張先のホテルで一人で寝るときはいつも、テレビだったり何か映像をつけて、電気も明るいままで寝てるんだか起きてるんだかわからない状態の夜を過ごしてきたけど、このあいだの東京出張のときから、映像も何もつけず、電気も睡眠の邪魔にならない程度の小さいライトだけにして、寝られるようになった。

そもそも一人で眠るために目を閉じることが怖かったのが、なぜか突然寝る勇気が持てるようになったの。
さ、寝よ。みたいな！！！

え、お前はいくつだって??　いやあ、ほんとに大変だったんだよ、こんなにオトナなのにさ、一人で寝るのが怖いとか。
でね、今では夫が寝るのが遅いときはベッドルームを真っ暗にして、ドア閉めて、さっさと先に寝ちゃう。

なんでこんなことができるようになったんだろうー!!!

感動だ。それを昨日の夜ふと考えてたの。そういえばわたし、なんで電気消してドアを閉めても大丈夫なんだっけって。

そしたらね、えっ? ていうか、何が怖かったんだっけって、43年間怯えてきたものがなんだったのかすらよくわからなくなってた。

どういうことなんだろう。わたしの何が変化してこうなることができたのだろう。知りたい!!!

今はまだわかんないんだけど、なんでなのか追求してみようと思っているから、わかったらまたお知らせします。

もしくはどなたかそういう人間の心理がわかる方がいたら教えてください。

追記

この原稿を読み返してて思ったんだけどさ、自立、じゃない???

依存心がなくなって、自立できたの。合ってる??

ひゃあ。人それぞれ、成長の速度は違います。
一生成長！　一生青春！

自分と仲良し

わたしってもしかして、自分ととっても仲良しなのかもしれない。東京出張中、いつものホテルの部屋で目覚めたわたしは、ふとそう思って嬉しくなりこれを書いてる。

なんでそう思ったかというと、わたし、自分のペースで生きていることが何より好き。会いたい人には会いたいと伝えて、相手も会いたいと思ってくれたらもちろん一緒に食事をしたりするけど、でも基本的には仕事以外の時間を一人で過ごしているのが好き。自分のペースで買い物に行ったり、原稿を書いたり、食事に行ったり。

なんかそれってさ、もしかしてわたしって自分自身とすごく仲良しだから、あえて誰かに声をかけず一人で食事に行ったりするのかなと思ったら、なんか嬉しくなった。

今回の帰国は仕事の他に、預けっぱなしになっていたタイムカプセルを引き取るというタスクもあった。

預けていた人から送ってもらうことも、中身を確認することも、それをハワイに持ち帰らなくてはならなくなることも面倒でずっと後回しにしてきたけど、今回ようやくその箱を送ってもらった。

その箱には、過去の写真やスケジュール帳、妹との交換日記など、恥ずかしいものがぎゅうぎゅうに入っている。

わたしはホテルの部屋でその箱を開けた。

そこには忘れていた過去が詰まっている。10代の頃のわたし。少しずつ成長して、20代の頃のわたしもいる。過去のボーイフレンドたちも登場。スケジュール帳を見ると、とにかく毎日飲み会。丸一日家で彼氏とゲームしたりしている。一番仕事をしたくなかった頃のわたし。彼との交換日記もある。

わたしが暮らしていた部屋もカオスで、ある家は冷蔵庫が真っ赤、また別の家はキッチン全てを真っピンクに改装していた。

そこらじゅうに色とりどりのおもちゃやぬいぐるみが並べられていて、本棚には煌《きら》びやかに何千冊もの漫画が並んでいる。

素敵女子とは程遠い、個性的すぎる自由な空間。

着ているものもスポンジボブのTシャツとか、シンプソンズのキャップとか、モテ要素ゼロ。

でもね、それが好きだったんだもんね。


わたしはこの箱の中身を見たら自分のことが嫌になると思ってた。それもあって引き取るのが嫌だった。

でも、一通り見終わった頃に抱いたのは、嫌悪感じゃなかった。

当時わたしは周りのモテ女のようにできないことに劣等感を覚えていたけど、でもむしろ個性的で自由で誰にも似ていない自分を貫いていてかっこいいじゃんとまで思えて、なんだか愛しかった。

自分の価値観でわたしらしく一生懸命生きていたわたし。自分の生き様は、わたしが思っていたほど悪くないかもしれない。
そんなふうに思えて嬉しかった。

今でも自己嫌悪に陥ったり、自己否定しちゃう日もあるけど、でも自分とも仲良くできているのだし、もっと堂々と自分という人間に自信を持ってありのまま生きていこう。もっとこうなりたいとか、なんでこうなんだろうと考える前に、まずはありのままのこのわたしを心から許してみよう。
これでよかったのかな、こんなふうに言わなければよかったかな、なんて思うのはやめたい。全てはそれでいいのだ。もしそのあとフォローしたくなったらすればいい。それだけのことなんだきっと。

わたしはわたしという生き様を、死ぬまで本気でやってみる。

特別な魔法

今日出会った、わたしより幸せそうな子。
つい見てしまった、わたしより成功してる子。
わたしより愛されてる子。わたしより素敵な家に住んでる子。
わたしよりたくさんのモノを所有してる子。
わたしより学歴が良くて健康で家柄が良くて、わたしより、わたしより……！

なぜわたしたちは人のものが羨ましくなるの？
なぜわたしたちは人と自分を比べてしまうの？

なんでわたしがあの子じゃなかったんだろう。

あの子みたいな人生を生きてみたかった。

なぜわたしたちはそんなふうに自分を傷つけてしまうのだろう。


目の前の自分を見て。

生まれる前からずっと一緒にいる自分。

自分の手をさすってみて。多くのことを一緒に乗り越えてきた大事な大事な自分の手。

自分の頭を撫でてみて。わたしが頑張っていることをわたしは誰より知っているでしょ。

鏡の前に立って自分と目を合わせてみて。

あなたはあなたでいるだけでいい。誰にも似ていなくていい。誰かみたいにならなくていい。


自分の部屋を見回してみて。

自分で選んできたものがたくさん。
あなたはあなたを精一杯生きてる。

羨ましいと感じたあの子には素直に一言。あなたって素敵ね。

それと同じように、素敵な自分。
もし今自分自身のことを素敵だと思えないのだとしたら、その理由はなあに？

あの子のような家に住んでないから？
あの子のように稼いでないから？
あの子のように恋愛がうまくいってないから？
あの子のようにかわいくないから？

誰かと比べてしまったら、素敵な自分にはなれない。
誰も、誰かにはなれないのだから。

家の中に気に入らないものがあったら全部手放して。
体の中で気に入らないところがあったら改善する努力をして。
心の中に気に入らないところがあったら素直になって。
頭の中に気に入らないところがあったら考えるのをやめて。
自分自身に気に入らないところがあったら抱きしめて。

誰とも比べなくていい。
自分はこの世に一つしかない、特別な存在なのだから。

今目の前にあるものを慈しんでみて。
過去の経験を慈しんでみて。
これからの未来を慈しんでみて。

今ある全てを深呼吸して受け入れるの。
全てのものに感謝してみて。

自分の時間、自分の体、自分の経験、自分の感覚、自分の空間、自分のもの、自分の人生を愛してみて。

特別のように見えていたあの子は、わたしが勝手に特別にしていただけ。
それと同じように、今度は自分を特別にしてあげるの。

人に譲ってしまった価値観を取り戻して。
価値観はいつも自分の中に置いてあげるの。
自分の幸せを忘れないで。
自分の幸せは自分でしか作れない。

なんにも羨ましがらなくていい。
あなたは、自分自身を一番特別にする魔法を持っているでしょ。
そのことをいつも忘れないでね。

わたしの役目

長女が小さい頃から、ずっと子どもたちとは別々に寝ている。

だから子どもたちとベッドで一緒にごろごろすることはあまりないけど、息子が早朝に自分の部屋からわたしの部屋にきて、寒い！　とベッドに潜り込んできた。

最近のハワイは早朝冷えるのに、掛け布団がちゃんとかかっていなかったんだと思う。

いつも一緒に寝ていない分こんな時間はすごく幸せで、布団の中で息子を抱きしめた。

息子の足がちょっと冷えている。そのときわたしの子ども時代を思い出した。

わたしはすごく寒がりで、いつも寒い寒いと言っている子どもだった。冬の朝はヒーターの前から動けなくて、火傷《やけど》しそうになりながらもその場所を死守してたっけ。

ママが作るお砂糖たっぷりの甘すぎるココアと、食パンを食べる。

学校に行きたくなくて、行かない理由を探す。

母親もよく学校を休ませる親だったから、わたしの出席日数はすごく少なかったと思う。1週間休まず学校に行ったことなんて、何回あっただろう。

わたしは子どもの頃の記憶があまりない。みんなこんなものなのだろうか。

それともわたしは、極度に忘れっぽいのかもしれない。

子どもの頃の自分がどんな場所でどんなふうに寝ていたのか、あまり覚えていない。

でも息子の冷えた足がわたしの記憶を呼び覚ました。

わたしが子どもの頃、まだ妹が生まれる前だったはず。わたしは母と一緒に寝ていて、寒くて冷えたわたしの足を母の足と足の間に挟んであたためてくれていたことを思い出した。でもそれが布団だったのか、ベッドだったのか、母はどんな顔をしていたのか、どんな部屋だったのか、映像はひとつも覚えていない。ただ、わたしの足を母が足の間に挟んでくれていたことだけを、思い出した。

わたしはそれと同じように息子の足を自分の足の間に挟んでみた。母はどんな気持ちで、わたしの足を自分の足の間に挟んでくれていたのだろう。

しばらくすると息子は暑がって、わたしに挟まれている足を抜いて寝返りを打った。

わたしも自分の足があたたまると、自分勝手に母から離れたりしていたのかな。

子どもの頃の記憶があまりないなりにも、強烈に覚えていることがある。

小学校5年生のとき。妹と母親と3人でお風呂に入っていた。わたしと母が湯船から出て、体を洗う。わたしは母に抱きつきたくて、ずっと様子を窺っていた。

母親に抱きつくなんてなんだか恥ずかしくて、勇気が出ない。でも抱きつきたいのだ。抱きつきたいというより、抱きしめられたかったのだと思う。

母親が体を洗ったり、一通り作業が終わったタイミングでわたしは突然母親に抱きついた。

ママのふわふわの体。ぎゅっと抱きしめて顔を埋めた。でもタイミングが悪かったのか、それとも子どもを抱きしめる習慣がないからか、母はわたしが抱きついてすぐに、はい！　もう終わったなら出て！とわたしの体を自分から引き剥がした。

わたしはすごく悲しかった。勇気を出して抱きついたのに、ママはわたしを抱きしめてはくれない。そのときからわたしは、二度と母親に抱きついたことはなかったと思う。

わたしは自分の子どもたちを毎日抱きしめている。

うちの子たちは、もともとハグの文化のあるアメリカで育ち、アメリカ国籍を持ち、周りはアメリカ人だらけ。

日常的にハグをし合いながら生きているうちの子たちにとって、わたしのハグがどのくらい愛を感じられるものなのかはわからない。

でも、わたしはわたしが小さかった頃に寂しかった気持ちを、子どもたちには知って欲しくない。

バタバタと家事をしているときでも子どもたちからハグを求められたら、何を中断したとしても絶対に子どもたちを抱きしめる。

どんなときでも子どもたちがわたしを求めたとき、彼らに寄り添える母親でいようと思っている。

わたしのインナーチャイルドを癒す旅はまだ中途半端なままで、わたしはいまだに子どもの頃の自分に会えていない。

でも自分の子どもたちと接していることで、わたしのインナーチャイルドが少しずつ癒されているのがわかる。

子どもたちが、小さかった頃のわたしを見せてくれる。

ひとつひとつの結末が、今度は悲しみや寂しさではないように、わたしが欲しかったものを子どもたちに与えることで新しい次元を築いていく。悲しみはずっとは続かない。必ず終わらせる誰かが現れる。

きっとわたしは、その役目を果たせるはずだ。

ママのいるその空に

わたしの声は聞こえてる？

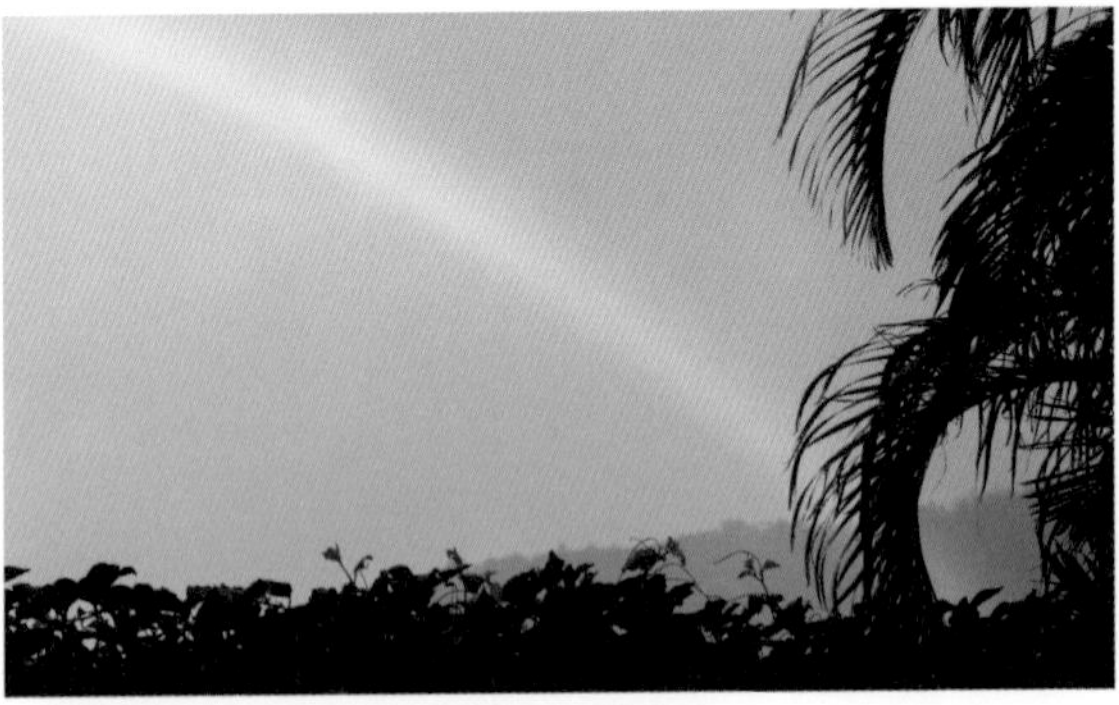

Dear ママ

空にいるママ。ママとわたしのことを、自由に本に書きました。
ママは嫌がるかな。それとも受け入れてくれるかな。

沖縄で神人《かみんちゅ》に会ったとき、ママがごめんねごめんねってずっとわたしに謝っていると聞きました。
そんなのはママらしくなくてなんだか悲しくなったけど、でもきっと今ならわたしたちは心を開いて話すことができたね。

ママがいなくなってから、わたしはたくさんのことを学び、知りました。

わたしが知ったこのたくさんのことをママにもシェアすることがで

きたならどれだけ良かっただろう。
ママは自分の人生を振り返ってどう思うのかな。辛かったって言うのかな。
わたしもママの人生を娘という立場から見ていることが、とても辛かった。

ママもきっと、子どもの頃にたくさんの傷を負ったんだよね。
それを癒す術《すべ》もなく、目の前の日々を一生懸命生きてたんだよね。
ママから受け継いだ悲しみは、わたしの代で断ち切ろうって思っているよ。

ママは死んだら無になって、生まれ変わることもないと言っていたけど、もしいつかわたしたちが生まれ変わってまた出会えるなら、そのときはわたしの娘になって生まれてきてよ。

わたしの無条件の愛と、今世《こんせ》で学んだことを全部ママにしてあげたい。
ママ、安らかに眠ってね。
ママのこと大嫌いって思う日もあるけど、でも、ママのこと大好きだよ。

吉川ひなの

13歳でデビュー後、一躍トップモデルに。数々の雑誌で表紙を飾り、女優や歌手としても活躍。第一子の妊娠をきっかけにハワイに移住し、夫と子ども3人とともにナチュラルなライフスタイルを実践。オーガニックコスメブランド「hinalea」や子ども服ブランド「Love the Earth blue」をプロデュースするかたわら、環境アクティビストとしてSNSやイベントを通して情報発信を精力的に行なっている。著書に『わたしが幸せになるまで』など。

写真　ホシナ　タカスケ
ブックデザイン　相澤事務所
DTP　美創
JASRAC 出 2302665-301

Dear ママ

2023年6月8日　第1刷発行

著者　吉川ひなの
発行人　見城 徹
編集人　福島広司
編集者　木田明理
発行所　株式会社 幻冬舎
〒151−0051
東京都渋谷区千駄ヶ谷4−9−7
電話　03(5411)6211(編集)
03(5411)6222(営業)
公式HP:https://www.gentosha.co.jp/
印刷・製本所　錦明印刷株式会社

ISBN978-4-344-04119-6 C0095
この本に関するご意見・ご感想は、
下記アンケートフォームからお寄せください。
https://www.gentosha.co.jp/e/